JN025963

対話して行動するチームのつくり方

楽しみながら身につく話し合いの技法

橋本淳司

三省堂

はじめに

話し合って、決めて、行動する。

これは、家庭、学校、職場、地域などで昔から行われてきた。

ただ最近は、話し合うのが面倒だ、話し合っても意味がないと思う人もいる。

SNSなどのツールが発達し、コミュニケーションは以前よりスムーズになると考えられたが、そうではなかった。自分の意見は発信しやすいが、その分、反論されることも多い。2つの異なる意見が対立するだけで、決めることも、行動することもできなくなることがある。

そもそも人は1人ひとり違う。100人いれば100の価値観、考え方がある。生まれてから死ぬまでずっと1人でいるのなら、自分の信じる1つの価値観にそって生きていけばいい。

だが、そうではない。私たちは、家庭、学校、職場、地域など、リアルな場所で誰かと一緒に生きている。リアルな場所の中で幸せになる1つの方法は、自分が価値ある存在として認められ、その場をよりよくするために役割を果たすことだろう。

この本の主人公は、舘川南高校の「未来アクション部」のメンバーたちだ。

この部活は4年前につくられた。部員たちは、もともと話し合いが好きなわけでも、得意なわけでもなかった。行動するのが大好きというわけでもなかった。

普通の高校生が、楽しく話し合いながら自分と他者との違いに気づき、それぞれの長所を活かして、自分たちの未来を考え、行動を起こしていく。

話し合って、決めて、行動するのは楽しいことだ。彼らの話し合いの考え方や技法が、あなたの毎日を少し楽にし、ハッピーに近づけてくれる。

主な登場人物

舘川南高校・未来アクション部

3年生

- 榊原 姫子（さかきばら ひめこ）　部長。
- 多々良 鉄也（たたら てつや）　副部長。部を陰で支える。
- 稲田 みのり（いなだ）　聞き上手。友達の相談にのることが多い。

2年生

- 津辻野 花（つつじの はな）　明るい性格。軽音部と兼部。
- 城沼 蓮（じょうぬま れん）　落ち着いた性格。軽音部と兼部。
- 田中 大輝（たなか だいき）　ポスターセッションが得意。
- 蛇口 守（へびぐち まもる）　豪雨災害に関心をもっている。

1年生

- 白鳥 葵（しらとり あおい）　話を聞くことに苦手意識がある。
- 茂林 祈（もばやし いのり）　話し合いには嫌な思い出がある。
- 近藤 健斗（こんどう けんと）　さっぱりとした性格。

- 舘川市役所　前園部長（まえぞの）　未来アクション部の活動に3年間注目してきた理解者。
- 飲料水メーカー　土井工場長（どい）　舘川市の水を使って製品をつくっている。
- ほたるの会　杉山会長（すぎやま）　湖にほたるを戻す活動を20年間行っている。

もくじ

装丁・本文デザイン◎臼井弘志（公和図書デザイン室）

01 話し合いの準備体操「ドラキュラ」で緊張感をほぐす

初めてのミーティングで、場の空気がピリピリしているように感じることがある。そういうときは、ゲーム感覚で話し合いの準備体操をしよう。スポーツ前のウォームアップと同じこと。体を温め、筋肉をほぐす代わりに、心を温め、顔のこわばり、心のこわばりをほぐす。そうすることで話しやすい雰囲気が生まれる。

春は出会いの季節。舘川南高校「未来アクション部」に1年生8人が加わった。白鳥葵もその1人。入学式後の部活紹介で未来アクション部のプレゼンテーションを聞き、「活動がおもしろそう」と思ってここにいる。

校舎2階にある日当たりのよい多目的室。ふだんは生徒が勉強したり、昼ごはんを食べたりしているが、水曜、土曜の放課後は、未来アクション部の活動場所だ。

新年度の1回目。集まった入部希望者に2、3年生が話しかけてくれるが、葵はなんだか落ち着かない。

舘川南高校には、地元の舘川市だけでなく、近くの市町村からも生徒が集まってくる。葵にとっては全員が初対面だった。おとなしい性格ではないはずなのに、時間がたつにつれ、ちょっと不安になってきた。葵がうつむくと入り口のほうで声がした。

「みんなそろってる。そろそろ始めようか」

先輩たちが楽しそうな声をあげ、多目的室の空気が明るくなる。

「あの人、昨日、部活紹介していた人だ」

葵の胸が高鳴る。

「部長の榊原姫子です。今日は私がファシリテーターをやります。あっ、そうか。ファシリテーターっていうのは、みんなが話し合って、新しい何かを生み出すのを手伝う人のことなので、よろしくね。今日は『ドラキュラ』っていうゲームをやります」

葵は「何それ？」と思う。

「ふっふっふっ、私は吸血鬼ドラキュラだぞー！」

姫子は横にいた副部長の多々良鉄也に噛みつく真似をする。

1年生はどうリアクションしていいかまるでわからない。思わず目を見開いたり、わずかに目線をそらしたり。

でも2、3年生にとっては当たり前の風景のようだ。特に鉄也は横でにこにこしているだけだ。

「ドラキュラ」は、未来アクション部に伝わる「話し合いの準備体操」の1つ。

姫子は「みんな目を閉じて」と言う。そして、部員たちが座るテーブルのまわりを歩き始める。

木製の床をゴム底のシューズが移動する。足音はほとんど聞こえないが、葵は気配が近くなるのを感じる。

右肩にポンと、手が置かれた。

思わず目を開けると、斜め後ろに姫子が立っている。近くで見ると色白で背が高い。くりっとした目が葵を見つめ、「ニッ」と笑いながら人差し指を唇に当てる。

そして、何事もなかったかのように元の場所に戻っていく。

「はーい、目を開けて」

姫子はルールの説明を始める。

姫子はチリンとベルを鳴らす。透き通った音色が多目的室に響く。

葵が戸惑っていると、近くにいた2年生が握手をしてきた。髪が短くて日に焼けている。体育会系の部活に所属しているように見える。

「2年の津辻野花だよ。好きな食べものはうどんです！」

葵はペコリと頭を下げ、手を握る。

「1年の白鳥葵です。好きな食べものはかき氷です」

「かき氷？　いいね」という花に、葵は少し顔を近づける。

周囲には聞き取れないくらいの声で

「あの、実は……私、親ドラキュラです」

★話し合いの準備体操 「ドラキュラ」のやり方

1 ファシリテーターは全員に目を閉じさせる。
（※姫子がやっているのがファシリテーター。グループで話し合いを進めるときに、メンバーのよさを活かし、目的を達成できるようはたらきかける人。）

▼

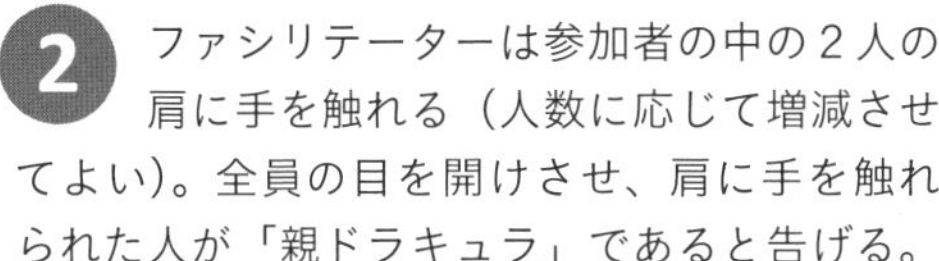

2 ファシリテーターは参加者の中の２人の肩に手を触れる（人数に応じて増減させてよい）。全員の目を開けさせ、肩に手を触れられた人が「親ドラキュラ」であると告げる。

▼

3 参加者はファシリテーターの合図でペアをつくり、握手して、自己紹介する。名前の他に自分のことを短く伝える（好きな食べ物、ここに来た理由、幸せを感じる瞬間など）。

▼

4 自己紹介したとき、親ドラキュラは、自分が親ドラキュラであることを伝える。親ドラキュラの名前を知ったら、その瞬間、その人もドラキュラになる。次の自己紹介から、自分がドラキュラであること、親ドラキュラの名前を伝える。

▼

5 ファシリテーターの合図で自己紹介を繰り返す。参加者は親ドラキュラの名前がわかったらファシリテーターに告げる。

花の口が無音のまま「マジ?」と動く。

姫子が2回目のベルを鳴らす。ドラキュラになった花は、青いフチの眼鏡をかけた長身の1年生とペアをつくった。

「1年の茂林祈です。好きな食べものはシフォンケーキです」

「2年の津辻野花だよ。好きな食べものはうどんです。で、私、ドラキュラだよ」

「えっ」

花はニコッとしながら祈に顔を近づけ、

「親のドラキュラは1年の白鳥葵ちゃんだよ」

2人はわずかに葵を見る。

こうしてペアを変えながら自己紹介を続けていく。


姫子が何度目かのベルを鳴らそうとしたとき、

「姫子さん、俺、親ドラキュラ、わかりました」

と声がした。

2年生の田中大輝だ。

姫子は新聞紙を丸めた筒を耳に当てて待ち構え、大輝の答えをそのまま口に出す。

「なになに?　近藤健斗さんと白鳥さおりさん?」

葵は人知れず赤面しながら「さおりじゃない、あおいだよ」と思う。

「1人は当たっている。もう1人がねえ……」

「はい、はい」と花が声を上げ、姫子が持っている筒に向かって答えを言う。

「ん？　近藤健斗さんと白鳥葵さん。ご名答！　はーい、みんな近くの席について」

葵が座ると、そこには近藤健斗もいた。

同じテーブルに座った花が、

「いきなり親ドラキュラ2人がそろった」

と笑う。葵が
「津辻野先輩、よろしくお願いします」

と言うと、

「花でいいよ。うちの部活は上下関係なしでやってるから」

「じゃあ、花……さん」

「うん。それより、葵ちゃんの好きなかき氷って、もしかしてヒツジヤの？」

「そうです！」

「あそこの氷って、このまちの湧き水を使ってるんだよ。ゆっくり凍らせるからフワフワなんだって」

「へえ。知らなかった。ああ、食べたくなっちゃった」

「5月になったら行こうよ。あそこのかき氷を食べに舘川に来るっていう人もいるくらいだからね」

「花さん、くわしいですね」

葵はもう不安を感じていない。

「発表！　3大エピソード」でチームをつくる

新メンバーに自分たちの活動紹介をする場面。旧メンバーが一方的に話したら、新メンバーは聞くだけになってしまう。できれば新メンバーにも自由に意見を言ってもらって早めに打ち解けたい。そんなとき「発表！　3大エピソード」を行う。カードを選んでエピソードを話し、質問や感想を言い合ううちに、新旧メンバーの距離感が縮まる。

ドラキュラが終わり、姫子は部員たちの様子を確認する。ファシリの大事な仕事だ。緊張した表情のメンバーは……いない。他のことが気になっているメンバーも……いない。みんなの気持ちはテーブルの真ん中あたりにあるようだ。話し合いの準備はOKだ。

「じゃあ、これから『発表！　3大エピソード』を始めます。4、5人のグループで座ってるかな？グループの中に1年生が1人か2人いるように調整してね」

未来アクション部の部員はちょうど20人。ファシリの姫子をのぞくと19人が4つのテーブルに座っている。葵のグループには、2年生の大輝と花、1年生の健斗がいる。

「2、3年生はエピソードカードから1つ選んで、そのテーマで2分で話してください」

★「発表！　3大エピソード」のやり方

1 新メンバーと旧メンバーが混ざった4、5人グループをつくる。

▼

2 旧メンバーはエピソードカードから1つを選び、話をする。

自分の成長を感じたこと	思いもよらずうまくいったこと	熱中した・ワクワクしたこと	褒められたこと	驚いたこと

▼

3 新メンバーは聞いたエピソードについて、質問カードから1つを選び、質問する。旧メンバーはそれに答える。

うまくいった理由は？	もう少し具体的に教えて？	どんな協力を得た？	どんな壁を乗り越えた？	これからやってみたいことは？

▼

4 新メンバーは、感想カードから1つを選び、話をする。

話から何を学んだ？	魅力や強みはなんだと思う？	一緒にやってみたいことは？	教えてもらいたいことは？	自分ならどんなふうに参加したい？

▼

5 新メンバーが集まってエピソードを共有し、特にすごいと思ったエピソードを3つ選んで発表する。3つでなくてもよいし、「ビックリ賞」「あこがれ賞」などをつくってもよい。

「じゃあ、ぼくから」

大輝が「思いもよらずうまくいったこと」を指さしている。

「ポスターセッションの全国大会に出たときのことなんだけど、自分たちの活動を模造紙1枚のポスターにまとめて、他の学校の高校生や大学の先生と意見交換したんだ。ぼくたちのテーマは『湖体験まちおこし』。観光客が舘川市にある3つの湖で、いろいろな体験をするっていう企画を考えた。特にうまくいったのは、ポスターセッションのやり方。他の学校はポスターの横に立って説明していたけど、ぼくたちは湖の特徴や体験内容を書いたイラストマップをつくって、1人ひとりがそれを持って1対1で意見交換した。おかげで多くの人と話ができて、それが投票につながって金賞が獲れたんだ」

「すごいですね。全国で金賞なんて」

健斗が驚いた顔で大輝を見る。

次に花が「褒められたこと」を話し始めた。

「市役所の部長さんが私たちの活動を褒めてくれたことがあってね、一緒にまちの将来を考えないかって言ってくれた。大人に褒められたことは何度かあるけど、あのときは相手の本気度を感じたな」

姫子がチリンとベルを鳴らす。

「今度は1年生の番だよ。目の前の質問カードから1つ選んで今の話に質問しましょう。質問された人は1分で答えてください」

健斗は「どんな協力を得た？」のカードを指しながら、大輝に聞いた。

「金賞を獲るまでに、誰かに協力してもらったんですか？」

「いろんな人に協力してもらったよ。マップというアイデアも、市役所の人が見せてくれたカナダのアウトドア体験マップがヒントになっているんだ。マップに載せる情報を教えてくれたのは『ほたるの会』っていう環境ＮＰＯの人だしね」

葵は花に「もう少し具体的に教えて?」を聞いた。

「市役所の人に褒めてもらったのって、どういう場面だったんですか?」

「活動発表会を市役所のロビーでやらせてもらったの。うちの部員が４つのチームに分かれて、それぞれポスター発表したんだけれど、それを聞いてくれた市役所の前園さんっていう部長さんが、市民の人たちと一緒に未来のまちをつくる活動をしたいって言ってくれたの。できたら本当にすごいと思う」

姫子が再びチリンとベルを鳴らす。

「1年生は感想カードから1つ選んで、話してください」

葵は「魅力や強みはなんだと思う?」を選んだ。

「いろいろな大人に協力してもらってマップをつくったり、市役所の人に一緒にやろうって声をかけてもらったり。先輩たちの行動力がすごいと思いました」

姫子がベルを鳴らす。

「今度は、1年生は1年生、2、3年生は2、3年生で集まって、今の話し合いの内容を共有しましょう。1年生は特にすごいと思ったエピソードを3つ選んでください。もちろん、2、3年に気をつかう必要は全然なし。2、3年生は1年生がどんな感想をもったかを共有してね」

2、3年生は1年生の感想を話しながらうれしそうにしている。

03 考えを「プレップ（PREP）」で伝える

自分の考えを発表する場合、何をどのような順番で話すか迷うときがある。そんなときに役立つのがプレップ（PREP）メモでまとめる方法だ。この方法で話すと相手に伝わりやすい。プレップ（PREP）はあらゆる発表に応用できる。

1年生8人が集まり、聞いたばかりの先輩たちのエピソードを披露し合う。どれもユニークで3つに絞るのは大変だったが、花から聞いた「市役所の部長さんから一緒に未来のまちをつくる活動をしよう」と言われた話、大輝から聞いた「ポスターセッションの全国大会で金賞を獲った」という話には、1年生全員が「このエピソードはすごい」と一致した。

「誰が発表するの？」

「そりゃあ、直接聞いた人でしょ」

茂林祈は表情を変えずにさらっと言う。葵と健斗は顔を見合わせる。

「先輩たちの前で発表するのって緊張するよー」

葵は不安な表情を見せるが、健斗は意外にさばさばとしている。

「この話がよかったって言えばいいんだろ。田中さんから聞いた、ポスターセッションの全国大会で金賞を獲ったという話を選びました、って」

「そっか。それなら簡単だね」

すると姫子が4枚のメモ用紙をテーブルに並べた。

「せっかくだから、こんなふうに話してくれないかな」

★プレップ（PREP）メモで発表する

1 4枚のメモ用紙を用意し、それぞれの左肩にP、R、E、Pと書く。それぞれの意味は、

- 「P」＝ Point
  …結論、要点（自分が伝えたいこと）
- 「R」＝ Reason
  …理由（どうしてその結論に至ったのか）
- 「E」＝ Example
  …具体例（理由を裏づける実例）
- 「P」＝ Point
  …結論、要点（再度、自分が伝えたいポイントを示す）

▼

2 それぞれのメモに自分の考えをまとめる。

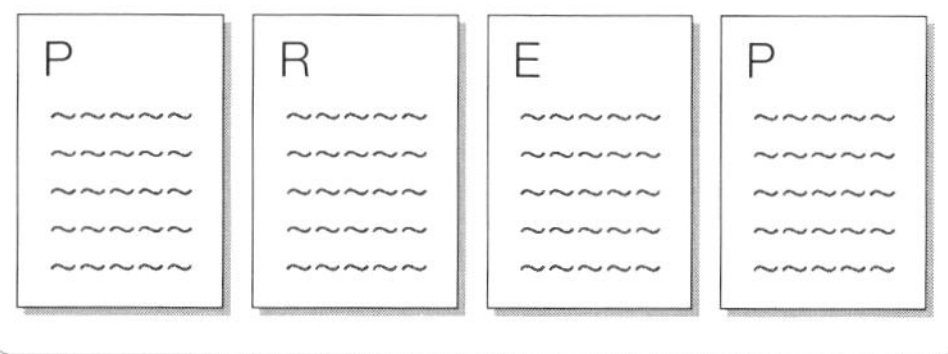

▼

3 発表する。

葵はメモに自分の考えを下書きし、こんなふうに発表した。

「P」＝「私たちは3大エピソードの1つに、花さんから聞いた、今年、市役所の人とまちの将来を考えるかもしれない、という話を選びました」

「R」＝「なぜなら、高校生がまちの将来を考えることができるって、本当にすごいことだと思うし、もし実現したら、私たち1年生も参加できると思ったからです」

「E」＝「例えば、このまちって人口が減って、子供が減って、小学校も減ってきて、お祭りもなんだか前に比べて活気がないっていうか、全体的に元気がないような気がするんです。このままだともっと寂しいことになるんじゃないかと思います。それで、みんなが楽しく暮らせるまちができたらいいな、そういうのを考えてみたいって思いました」

「P」＝「そういうわけで、今年、市役所の人とまちの将来を考えるかもしれない、という話を選びました」

健斗も同じようにメモをつくり発表した。

「P」＝「ぼくたちは3大エピソードの1つに、ポスターセッションの全国大会で金賞を獲ったという話を選びました」

「R」＝「なぜなら、受賞するまでに多くの人の協力を得て作業をしていたからです」

「E」＝「例えば、受賞のポイントに、イラストマップを使ったプレゼンがあったそうですが、それも市役所の人からアイデアをもらったり、NPOの人に情報をもらったと聞きました。自分だったら人には聞かずにまとめちゃったと思うので、すごいなと思いました」

「P」＝「そういうわけで、ぼくたちは3大エピソードの1つに、ポスターセッションの全国大会で金賞を獲ったという話を選びました」

部員たちから拍手が起きる。健斗と葵のところに、花と大輝がやってきた。

「選んでくれてありがとう」

「いい発表だったよ」

この方法は長めの発表にも応用できる。一見複雑に見える発表でも、RやEの数が増えていたりするだけだ。

★長めの発表をPREPでまとめるケース

P 世界的に安全な水の得られない人が増えていて、私たちはアクションを起こす必要がある。

R1 安全な水が得られるなく理由は3つある。1つは人口が増えたり、産業がさかんになったりして、使用量が増えていること。

E1 インドでは農業に地下水が使用されすぎて、枯渇が心配されている。

R2 2つ目の理由は、水の汚染が広がっていること。

E2 中国では工場排水が川に流れ込み、大量に魚が死んだことがあった。

R3 3つ目の理由は、気候変動によって乾燥や干ばつが起きていること。

E3 世界各地で山火事が発生し、森林がなくなり、水をためる場所も少なくなる。

P こうした3つの問題を解決するためのアクションを今すぐ起こす必要がある。

04 「グランドルール」で安全な話し合いの場をつくる

話し合いがうまくいかない場面を思い出してみよう。誰も話を聞いてくれなかったり、一人がずっと話していたり。そのようなときに、グランドルールがあると話しやすくなる。例えば、「この場に集中する」「すべての参加者は平等であり、お互い尊重する」などを事前に決めておく。

茂林祈が多目的室にやってくると、副部長の多々良鉄也と2年生の蛇口守がテーブルの上に紙を並べていた。Ａ４サイズの紙に「目標」のようなものがプリントされている。

「『明るくポジティブなチームにする』……なんですか、これ？」

鉄也は祈の質問に答える。

「グランドルールだよ」

「部活で使うものですか？」

「うん。茂林さん、話し合いがうまくいかないときって、どんなときだと思う？」

「いい意見が出ないときですか？」

「確かにそうだね。じゃあ、いい意見が出ないときって、チームの雰囲気はどう？」

「よくないのかな？」

「雰囲気が悪くて話し合いをやめたいな、と思ったことはない？」

祈は、ぎくっとした。

実は、話し合いにいい思い出がない。話し合いって意味があるのかなと思うことさえある。部活紹介でまちのイベントや音楽祭に出るって聞いたから未来アクション部に入ったのに、こんなに話し合いが多いなんて、と思い始めている。

頭の中に、中学時代の映像が流れ出す。ホームルームで自分が発表しているとき、誰も聞いてくれないことがあった。ざわざわおしゃべりしている女子、あくびをしている男子。学校祭のクラス発表のアイデアを誰も出さないから、思い切って「お化け屋敷はどうかな」と言ったら「そんなもんやるかよ」「1人でやれば」と言われて黙ってしまったこともあった。

吹奏楽部のパートリーダー会議で、みんなが下を向いてだるそうにしているので、自分もだるそうにして黙っていた。本当は何か言わなきゃって思っていたのに、言える雰囲気じゃなかった。リーダー的な子がずっと話しているときは、笑顔をつくって「いいね」と「そうだね」しか言わなかった。本当は「いいね」でも「そうだね」でもなかったのに。

祈は、情けない気持ちになったが、それを鉄也に気づかれたくはなかった。

「話し合いで雰囲気が悪くなることって、誰でも経験していると思うけど、茂林さんはそういうときどうしてた？」

「自分の存在を消して、時間が過ぎるのを待ってました」

「どうして？」

鉄也の声はやさしくて温かい。

「安全じゃないですか」

「確かにそうだね」

鉄也は控えめな笑顔を浮かべ、目を伏せたままこう話した。

「ぼくはどんな人とも話し合ったほうがいいと思っているんだ。意見が違う人ならなおさらね。でも、いきなり始めてもうまくいかない。このグランドルールは、話し合いの場を安全にするためにつくられたらしい。部ができたばかりの頃は、うちもいろいろあったみたいでね」

仲よさそうに見える先輩たちに、そんな時代があったのか、と祈は思う。

★

祈はあらためてグランドルールを見る。

「これは3月までつかっていたグランドルールなんだ。新メンバーも入ってきたから、今日は新しいグランドルールをつくろうと思ってね」

「これがあると考え方の違う人とも話し合えるようになるんですか」

「僕はこのルールのおかげで安心して話し合いができる気がしてる。グランドルールをつくった人は3つのことを信じていたんだと思う」

その3つとは、

- 人の話は聞く価値がある。
- 違う考え方にこそ価値がある。
- 参加者は建設的な結論を導き出す能力をもっている。

「人間って複雑でややこしい。その人間によってつくられている社会も複雑でややこしい。それを理解するためには、いろいろな角度からものを見て、考えてみる必要がある。だから話し合うんだ」

「そんなものですかね」

祈がそのことに気づくのは、半年後のことだった。

★グランドルール

1 グランドルールは参加者で決める。

《グランドルールの例》

- この場に集中する。
- 明るく前向きな場を全員でつくる。
- 話をよく聞く。
- 意見を否定しない。意見が違う場合は代替案を出す。
- 全員が意見を出す。
- 質問はギフト。たくさん贈ろう。
- 話し合った結果を行動に移す。
- ルールを破ったら、そのルールを指さす。

▼

2 話し合いの間、グランドルールを全員が見えるところに置く。慣れないうちはグランドルールを意識するために、今日特に意識するものを決めたり、追加したりする。

▼

3 話し合いが終わったらグランドルールを守れたかどうかを確認する。

「ペアインタビュー」で話を聞く

話をする練習はしても、話を聞く練習はあまりしない。「ペアインタビュー」は両方の練習になる。1つのお題を決めて、インタビューする人、される人に分かれる。一方が話し、一方が聞く。時間になったら役割を変える。こうすることでしっかり聞くコツが身につく。


「ごめん、遅刻した」

花がギターを背負ったまま多目的室に走ってきた。

「今日のファシリは2年の津辻野花が行います」

未来アクション部では、ファシリを交替で行っている。全員がファシリの技術を高めようというねらいがあるようだ。

「あれ、ベルがない。ない。ない。どうしよう」

花は慌てる。ベルとは、前回の集まりで榊原姫子が軽やかに鳴らしていた「あれ」だ。

「あるだろ、目の前に」

と、隣にいた城沼蓮が指をさす。

「あ、ほんとだ!」

このベルは未来アクション部が創設されたときから使われている。誰かがインドかネパールで買ってきたものらしい。このベルを使うと「うまくファシリができる」と言われている。

「蓮、あいさつしなよ」

「えっと、本当は、花とは一緒にやりたくない2年の城沼蓮です」

「ちょっと、どういうこと!」

「だって花……テンション高過ぎ。無駄に明るいんだよ」

「あんたがテンション上げなさいよ」

「俺、そういうの、苦手だから」

2人のやりとりで部の空気は軽やかになる。葵は「この2人って、コンビ芸人みたい」と思う。

「今日の話し合いの準備運動はペアインタビューです。これからトランプを配ります」

蓮はマジシャンのような鮮やかな手つきでカードを配る。ぴたっと自分の前で止まったカードを葵は手にする。「ハートの8」。

「ハートとスペードを配っています。同じ数字の人でペアをつくってください」

部員たちは自分のカードを見せながら相手を探す。

「スペードの2の人いますか?」

「あ、俺、スペードの2。ハートの2なの?」

「そう、よろしくね」

あちこちでペアができて着席していく。

「私の相手は誰だろう」

葵が見回すと、窓の近くで「スペードの8」を持った3年生がこっちを見ている。長い黒髪を1つに束ねた大人っぽい3年生に、葵は軽く会釈する。その人はやわらかな口調で話しかけてきた。

「葵さん。このまえ親ドラキュラになった」

「あの、先輩は……」

「私は稲田みのり」

花がペアインタビューの方法について話をする。

「お題は、なぜ未来アクション部に入ったかです。では、スタート！」

葵は中学校のときに先生に聞いた「聞き方のコツ」を思い出した。

「いい？　相手に体を向け、目線を向けること。腕を組んでふんぞり返っていたり、会話中にスマホを見たりするのは絶対ダメ。それから相づちを打つこと。聞き上手は相づち上手っていうくらいだから」

それで葵は、みのりが何か話すたびに「へえ、すごいですね」「えっ、そうなんですか」と相づちを打ちながらメモをとる。

花がベルをチリンと鳴らし、役割を交代する。今度はみのりが葵の話を聞いてくれる。

「葵さんはどうして未来アクション部に入ったの？」

やわらかい口調とやさしい眼差しに心が「ほわん」とする。

「部活紹介ですかね」

「姫子がやったプレゼン？」

「姫子さんはかっこいいなって思いました」

「うん、姫子はかっこいいね。どういうところがかっこいいと思う？」

「話が上手ですよね。私もあんなふうに話したいです」

「そういう気持ちって大事よね。姫子の話し方はどんなところがいいの？」

「すーって頭の中に入ってくるっていうか。惹きつけられるっていうか」

ペアインタビューのやり方

1. 2人でペアをつくる。
2. ファシリテーターはインタビューのお題を決める。
3. インタビュータイム①（3分）Aさんの話をBさんが聞く。
4. インタビュータイム②（3分）Bさんの話をAさんが聞く。
5. 2、3組（4人、6人）で集まり、今聞いた話を共有する。AさんはBさんから聞いた話をグループにする。BさんはAさんから聞いた話をグループにする。

みのりはゆっくりとうなずきながら、

「じゃあ、迷うことなく未来アクション部って感じ?」

「あっ、実は迷ったんですよ、他の部活も」

「他って?」

「中学ではテニスやってました。だから、正直テニス部も考えたんです」

「そうなんだ。じゃあ、どうして?」

「まちのイベントに参加したりして楽しそうだなって。でもやっぱり姫子さんのプレゼンかなー」

花がチリンとベルを鳴らす。

「あれ、もう3分」

葵は思いがけずいろいろと話したことに驚いている。

「では、これから共有の時間です。4人グループをつくって、今インタビューした話をグループで共有しましょう」

葵はみのりから聞いた話を話し始める。だが、思うように言葉が出てこない。

「あれおかしいな。もっといろいろなことを聞いたはずなのに……」

翌日の昼休み、多目的室でみのりが3年生の友達と話をしているのを見かけた。その次の日も、そのまた次の日も。話をしている相手はいつも違う。

「友達の相談にのっているのかな?」

葵は前回の部活のことを思い出す。

自分は相づちのタイミングばかり考えていて、みのりの話をきちんと聞いていなかった。

みのりは相手の話を素直に聞いている。普通の出来事であれば「そうだね」と軽く受け止める。意外だと思ったら「えっ、そうなの」、感動したなら「すごい」。声のトーンや大きさは自然と変わる。ときには無言でうなずくこともある。

「みのりは、話を聞く名人なのよ」

いつのまにか姫子が立っていた。

「みんなが、あんなふうに、みのりに相談しにくる。3年生のあいだでは『みのりクリニック』って有名なんだよ」

「すごいアドバイスをくれるんですか?」

姫子は首を振る。

「それが話を聞いてもらうだけなんだよね」

みのりに話を聞いてもらうと不思議と自分の考えがまとまるという。

「私、人の話を聞くのが苦手なんです。相づちに一生懸命になっていたり、質問ばかり考えてたり。相手の話を聞いていて、うまい返しができないというか。だから話がすぐ終わっちゃうんですよ」

「ほほう。私に、いい考えがある」

姫子は葵の手を引っ張って歩き出した。

06 相手の考えをきちんと知るための「4つの言葉」

質問すると相手の考えがよくわかる。同時に質問されたほうも自分の考えがはっきりしてくる。「気になっていることの全体を教えて?」「例えば、どういうこと?」「どうして?」「そういうこと他にあった?」は考えを明確にする言葉。


「ねえ、みのり。クリニックの助手に葵ちゃんを雇ってあげてよ」

「助手? どういうこと?」

みのりは姫子のムチャぶりにも動じない。にっこり笑い、少し首をかしげた。

「みのりに話の聞き方を習いたいんだって。みのりがいろんな人の話を聞いているところを見ていれば、何かわかるかなって。それで助手にしてもらいたいのよ」

みのりは葵を見て「うん」とうなずいた。それだけで葵は心の中が温かくなるのを感じた。

「ただね、じっと見ていられたら、話しにくいかな」

「そうか。じゃあ、葵ちゃんの勉強を見てあげてよ。みのりは今まで通り、ここで友達とパン食べながら話してればよくて、葵ちゃんは、ちょっとだけ離れたところで勉強を教わっているフリをする」

「勉強するんですか?」

葵は驚くが、姫子は「フリよ、フリ。じゃあねー」と走って行ってしまった。

「葵ちゃん、ひとまずやってみようか。明日の昼休みにお弁当と勉強道具をもって集合ね」

みのりと葵は学食で買ったハチミツイチゴロールを食べながら数学の問題集を広げている。

「高校の数学っていきなり意味不明ですよ」

「私もここ苦労した。実は最近復習したんだけどね」

「3年生が1年の範囲を?」

「受験に出るから」と言ってみのりはノートをめくる。

「うわっ、めっちゃ、きれい。このまま参考書として売れますよ」

すると3年生が近づいてきた。

「みのり、今、取り込み中? ちょっと聞いてもらいたいことがあるんだけど」

「大丈夫だよ。じゃあ、葵ちゃん、あとは1人でがんばってね」

葵はみのりのノートを写しながら、少し離れた場所で2人のやりとりをこっそり聞く。

みのりは「うん」「うん」とうなずきながら、ときおり質問したり、相手の言ったことを繰り返して、「つまり、こういうこと?」とまとめたりしている。

1週間がたった。駅から学校までの通学路で姫子が声をかけてきた。

「秘密わかった?」

「みのりさん、なんでも受け止めてくれるんですよ。どんな話も『そうなんだ』って言うんです。『そうなんだ、すごいね』、『そうなんだ、大変だったね』って。そうすると相手の人が少しうれしそうな顔をしたり、少しほっとしたような顔をするんですよ」

「さすが。葵ちゃんって、観察力が鋭いなって思ってたんだよ。それから?」

「ちゃんと見てくれるんですよね。たまにいませんか。人の話を聞きながらスマホを見てる人。そういうことがない」

「ふーん、こんな感じかな」

姫子が両目を目一杯開きながら、顔を葵に近づける。

「逆に話しにくいですよ。見てくれるっていっても、自然な感じで、『あなたのことに興味もってます』っていうのが伝わってくるんです。だから、この人なら信頼して話せるって思うんです」

「うんうん。それから?」

「不思議なんですけど、みのりさんが聞き返すと、相手の人がどんどん話すんです」

「どんなこと言うの?」

葵はノートを姫子に見せる。

「テニスの練習みたいなんですよ。ふわっとしたボールが来たとき、鋭いボールが来たとき、返し方が変わりますよね。それによって自分のいろいろな部分が引き出されていくって感じかな」

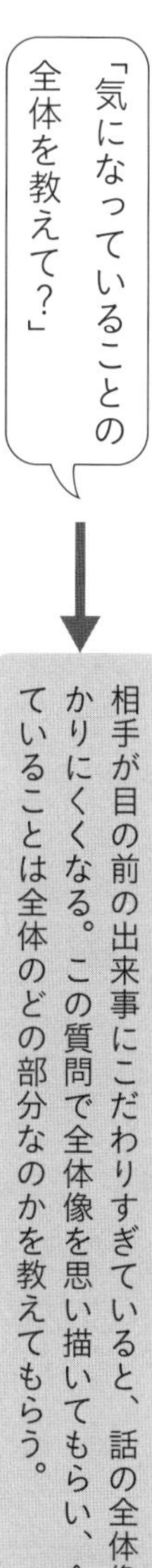

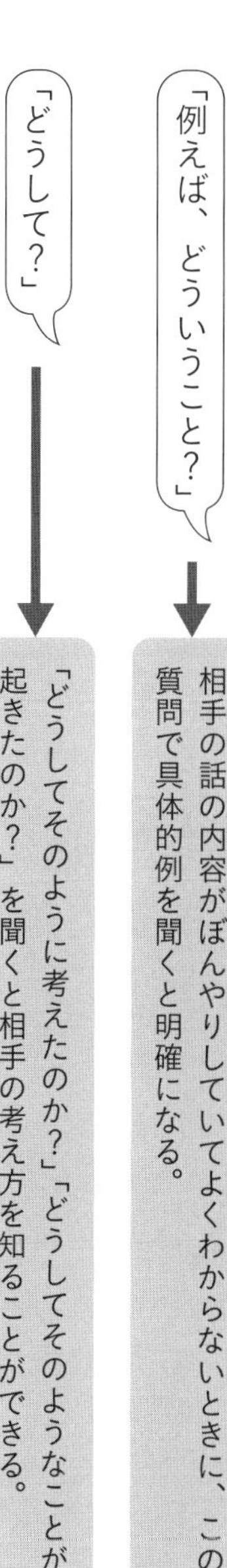

「そういうこと他にあった?」

相手に似た例を探してもらい、考え方を知る参考にする。「前にもあったのか?」「よそにもあったのか?」という質問も同じ効果がある。

「みのりは4種類の質問をすることで、相手のことを理解しようとしてるんだね。質問された人も自分自身の考えがだんだんまとまっていくんじゃないかな。みのりと話をしているうちに解決方法が見つかる理由がわかった気がするわ」

「でも、これだけじゃないんです」

葵がそう言うと、姫子は興味津々といった表情を浮かべた。

相手のやりたいことを知るための「2つの言葉」

「これからどうしたいの?」は相手と一緒に未来を見る言葉。「もっと先にはどうしたいの?」はさらに先の未来を見る言葉。ふだんの枠を超えた発想をもつことで、自分の本当にやりたいことが見つかり、ワクワク感ももてるのでアクションにつながりやすい。

葵は「みのりクリニック」の出来事を姫子に話す。

「みのり先輩のところに、『自分のやりたいことがわからない』『先生に将来なりたい職業を聞かれても全然思い浮かばない』っていう3年生が来たんです」

「うーん、『3年あるある』だなあ」

「みのり先輩は10分くらい、その人の話を聞いてました。親との関係が悪いとか、学校に行きたくない日が多いとか、勉強したくないとか。それで話が途切れたときにこう言ったんです」

「これからどうしたいの?」

葵は自分が見たままを姫子に語った。

みのりが「これからどうしたいの?」と聞くと相手はびっくりしていた。「やりたいことなんてないよ」と言って黙ってしまった。でも、少したつと「薬剤師になりたいかな」と言った。みのりは「そう、それはいいね」と言った。

翌日、またその3年生がやってきた。

「やっぱり薬剤師はダメだと思う。私、理系科目できないし」

「そう。じゃあ、本当はどうしたいの?」

「英語の先生になりたいかも」

「そうなんだ。それはとてもいいね」

でも翌日になると、「やっぱり英語の先生じゃなかった。単語が全然覚えられないもの」

「そう。じゃあ、本当はどうしたいの?」

「ファッション関係のことがやりたいんだよね」

「そうなんだ。それはとてもいいね」

「テレビで海外のファッションショーを見たんだけど、ああいう世界で働いてみたいな」

「それはすごいね。とてもいいね。何か私にできることないかな?」

「ファッション関係の人に話を聞いてみたいんだけど、知り合いいる?」

「美術の飯田先生に聞いてみたら。飯田先生は芸術大学のデザイン科出身だから、友達にファッション関係の人がいるかもしれない。活躍している人を紹介してもらおうよ」

「私、美術じゃなくて音楽を選択してたんだよね」

「私は2年のときに美術をとってたから一緒に行ってあげるよ」

姫子はうれしそうな顔をしていた。

「みのりは相手の人と一緒に未来を見ようとしてるんだね。うちの部でもやってみようか」

放課後、姫子が用意した話の準備体操は、「1年後インタビュー」だった。

★

昼休み、ハチミツイチゴロールを食べながら葵はみのりに聞いてみる。

「みのり先輩は、どうして未来のことを尋ねようって思ったんですか?」

みのりはしばらく黙っていたが、やがて静かに話し始めた。

「私の母親がピアノの先生でね、3歳のときからピアノを習っていたの。母は練習が終わると、うまくできなかったところを細かく指摘した。小学生になると要求も厳しくなったし、ダメ出しも厳しくなった。自分で高いゴールをもって、そこに向かっている人なら、指摘された改善点を受け入れて、もっといっぱい練習できたんだと思う。でも、私はそうじゃなかったんだよね。ある日、手が動かなくなっちゃったの。ピアノを見るだけで体がこわばったり、吐いたりするようになっちゃって。それでピアノはやめたの。母はがっかりして、しばらくは口もきいてくれなかった」

ふだん何事もそつなくこなしているように見えるみのりにそんな過去があったなんてと葵は驚く。

「それでいろいろ考えた。反省会は未来をよくするためにやっているはずなんだけど、話す内容は過去の失敗が多い。自然と過去のことばかり考える。未来を考えるなら、『これからどうしようか?』って質問がいいと思った。私、ピアノをやってるときは、おとといはここを失敗したって、昨日はここを失敗したってことで頭がいっぱいで、ラン・ランみたいな演奏をしてみたいって思ったことが一度もなかった。もし、そんなふうにあのとき思えたら、私はピアノを続けることができたんじゃないかって」

葵はみのりの気持ちが自分の心に入ってくるのを感じた。

「みのり先輩、やれますよ。本当は何がやりたいんですか？　みのり先輩がこれからすごいピアニストになりたいって思うなら、未来はそうなるはずです」

みのりは驚いた。そして、ちょっぴり涙ぐみながら小さくうなずき、黙ってハチミツイチゴロールを食べた。

★1年後インタビュー

1 3、4人のグループをつくる。話をする人を「主人公」、話を聞く人を「サポーター」という。

▼

2 「サポーター」は「主人公」の話はまじめに聞くこと、「主人公」を応援する気持ちをもつことを確認する。

▼

3 主人公は「1年後カード」の3つの質問に答えながら、2分程度で話をする。

1年後に、どんなことを成し遂げているか？	1年後に、どんな能力が身についているか？	1年後のあなたは、何をめざしていると思うか？

▼

4 話を聞いていた「サポーター」は以下の質問を1つ選んで、話をする。

1年後の「主人公」の魅力や強みはなんだと思うか？	1年後の「主人公」はどのように活躍していると思うか？	明日から「主人公」のために役立てることはあるか？

▼

5 参加者全員が「主人公」を順番に行う。

08 「9クエスション」で脳をフル回転させる

質問されると脳は回転数を上げて、答えを見つけようとする。チームでいろいろな質問をし合い、チーム全員で質問に答えていくことができれば、チーム全員の脳がフル回転する。質問は自分が知識を得るものではない。他者やチームへの贈り物だ。


「何か質問ある人はいますか。いないね。じゃあ授業終わり」

社会の上田先生は、授業の終わりに必ずこう言う。質問した生徒はこれまで誰もいないし、先生も質問されることを期待してはいないようだ。「いますか」と「いないね」の間に1秒もない。

「それなのになんでわざわざ聞くんだろう」と茂林祈は思う。

私には質問なんてない。何も思い浮かばない。そういえばグランドルールに「質問はギフト」って書いてあるけど、あれはどういう意味なんだろう。

祈は、副部長の多々良鉄也に聞いてみる。

「質問なんて浮かばないって言うけど、小さい頃はどうだったの?」

「母は、私が『これなあに？』『どうして？』ってうるさかったって言ってました。でも今は違うんです」

「質問するのが難しくなったのは心が成長した証なのかもね」

「成長ってどういうことですか？」

学校の授業でも大人の会議でも「何か質問のある人？」「せっかくの機会ですからどんなことでも質問してください」と言われて、手をあげる人はほとんどいない。大きくなるにつれて質問が難しくなるのは、場を読む能力とか、自分を守る能力が育まれるからだ。

「実は僕も、質問があるのに黙りこんでしまったことがある。まわりの人に『なんでそんなつまらないことを聞くのか』とか、『そんなこともわからないのか』って思われるんじゃないかって怖かったんだ」

「まわりを気にしたり、自分が傷つかないようにしているってことですか？」

「うん。じゃあ、どういう場所だと質問しやすい？」

「自分を受け入れてくれる場所。安全だと思える場所」

「そう、グランドルールがあるような場所ってことだね。ところで質問には４つのパターンがある。茂林さんも何か考えるとき、自然と①の自問自答をしているでしょう。答えがいきなりやってくることはない。まずは問いから始まる。どう問うかによって答えは変わる。よい問いがよい答えを生む。たくさん問いがあればたくさん答えがでる。だからよい答えを生むにはよい問いが大切だ」

★質問の4パターン

1. 自分が質問して自分が答える＝自分１人で考える
2. 自分が質問して相手が答える＝インタビューする
3. 相手が質問して自分が答える＝インタビューされる
4. 自分たちが質問して自分たちで答える＝チームで行う話し合いなど

「質問とは何か」と聞くと、大抵の人は「教えてもらうこと」と答える。質問者が回答者から贈り物をもらっている感覚だ。

だが、実際には質問は回答者やチームへの贈り物だ。なぜなら脳は質問によって動き出すから。質問によって自分の考えが整理されたり、思いもかけないアイデアが浮かぶ。もし多様な価値観をもった人で構成されたチームが、いろいろな質問をし合い、チーム全員がその質問に答えていくことができれば、チーム全員の脳がフル回転するだろう。質問はチームへの贈り物なのだ。

「質問がたくさん出るには、雰囲気づくりと同時に多少のコツも必要なんだ。それで3年生で『9クエスション』という質問カードをつくってみた。グループでの話し合い、プレゼンやポスターセッションの後、何を聞いたらよいかわからないときのヒントになるし、自問自答するときにも使えると思うよ」

仲間や身につけているものについての質問

1) 達成するのに不足しているのは、人ですか、お金ですか、モノですか、情報ですか？
2) 必要なもののリストはありますか？
3) 必要な時間はどのように確保しますか？
4) これまでの経験や方法で使えるものはありますか？
5) 誰に協力してもらいますか？
6) どのように情報を手に入れますか？

手順・段取の質問

1) やることを10個あげて、いちばん重要なのはどれですか？
2) やることを10個あげて、いちばん効果的なのはどれですか？
3) どんな手順でやりますか？
4) 次に何をやりますか？　いつまでにやりますか？
5) あなたはどの部分をやり、仲間はどの部分をやりますか？

解決策を深める質問

1) あなたの解決方法で、ハッピーにしたい人はどのくらいハッピーになりますか？
2) あなたの解決策を実行するのに、かかる時間、お金、必要な技術と情報はどのようなものですか？
3) あなたの解決方法を誰もが簡単に行うことはできますか？
4) あなたの解決方法を実行するには誰の協力が必要ですか？
5) あなたの解決方法を実行するには何が必要ですか？

9クエスション

ゴールを聞く質問

1）あなたのゴールはなんですか？

2）あなたは誰を、どのようにハッピーにしたいですか？

3）問題が解決されたら、あなたはどのような気持ちになっていますか？

4）なんのためにゴールを目指していますか？

5）ゴールの達成は数字で計れますか？

現状についての質問

1）うまくいっていることはなんですか？

2）うまくいっている理由はなんですか？

3）うまくいっていないことはなんですか？

4）うまくいっていない理由はなんですか？

5）理想と現状とのギャップを起こしているのはなんですか？

解決策を考える質問

1）どう対処しますか？

2）いつ、誰が、どのようにやりますか？

3）その方法は続けられますか？

4）もしあなたに知識や技術が十分あったとしたら、どんな方法を考えますか？

5）時間やお金が無限にあったとしたら、どんな方法を考えますか？

6）もっと簡単にできる方法はありますか？

具体的な行動を聞く質問

1）何をやりたいですか？

2）必要な知識はなんですか？

3）必要な技術はなんですか？

4）どのくらいの時間とお金が必要ですか？

5）どうしたら楽しんでやれますか？

学びについての質問

1）今までの経験から学んだことはなんですか？

2）もう1回やるとしたら今度はどのようにやりますか？

3）今までの経験を今後にどう活かしますか？

4）他にどのようなやり方があったと思いますか？

評価についての質問

1）計画の進み具合はどうですか？

2）ハッピーにしたかった人は、ハッピーになれそうですか？

3）やってみて何か気がついたことはありますか？

4）うまくいったことはなんですか、うまくいかなかったことはなんですか？

「ハナログ」で話し合いを見える化する

話し合いをするといろいろな意見が出る。聞いていたつもりでも話が進むうちに記憶が曖昧になったり、同じことを聞いても受け取り方は人それぞれだったりする。せっかく出たアイデアが忘れられてしまったり、どこまで合意し、どこからは合意していないのかが曖昧になったりする。ハナログは、話し合いがどう進んでいるかを参加者に見えるようにする。

「葵ちゃん、今日、ハナログ係やってくれない？」

多目的室に現れるなり、姫子はこう言った。

未来アクション部では、話し合いの内容を紙やホワイトボードなどに書く。「話し合い」の「記録（ログ）」なので「ハナログ」。「ハナログ」を書く人が「ハナログ係」というわけだ。

「えーっ、無理ですよー。みのり先輩の聞き方講座に入門したばかりなのに、聞きながら書くなんて絶対無理。だいたい、なんでわざわざ紙やホワイトボードに書くんですか。みんな自分でメモしてますよ。誰かが議事録にまとめて配ればいいじゃないですか」

「ハナログ係の役目は、話し合いの結果じゃなくて途中経過を見せることなの。今何について話しているか、みんなにわかってもらう。アイデアを広げたり、まとめたりするには、みんなが同じものを見ていたほうがいいからね。葵ちゃんは、ふだん友達と話していてログをとる?」

「まさか、とりませんよ」

「だよね。でも、ログをとっていないと話が見えなくなるでしょ。2人でも見えなくなるから、人数が増えたらなおさらだよ」

話し合いをするといろいろな意見が出る。その意見をすべて覚えているなんて無理だ。聞いていたつもりでも話が進むうちに記憶が曖昧になるし、同じことを聞いても受け取り方は人それぞれだ。ときどき関係ない意見が出て話が脱線することもある。話の長い人がいて、いったい何を話していたのかが、わからなくなることもある。

そうすると、今何を話しているかわからなくなる。せっかく出たアイデアも忘れてしまう。どこまでは合意したのか、どこからは合意していないのかが曖昧になる。

「ハナログは、話し合いがどう進んでいるかを、みんなに見えるようにするの」

姫子はA3のコピー用紙を机に置く。

「それができれば、ホワイトボードでも模造紙でもA3のコピー用紙でもなんでもいい。4、5人で話すときは、A3のコピー用紙をテーブルの真ん中において、ハナログ係が話し合った内容をメモしていくんだよ」

★「ハナログ」の作り方
〜紙に書いて話の途中経過と結果を「見える化」する〜

【用意するもの】A3のコピー用紙1枚、太くかける水性マジック。

1 用紙の右肩に話し合いの日時、場所、参加者名を小さく書く。

▼

2 話し合うテーマを参加者で確認し、書く。

▼

3 話し合いで出てきた意見やアイデアを書く。意見やアイデアがよくわからなかったら「こういうことですか」と確認しながら書く。

▼

4 話し合いの最後の10分にふりかえりとアクションの時間をとる。まず、参加者でログを見ながら、次のことを行う。

①重要な意見やアイデアを丸で囲む。

②囲んだ意見やアイデアの関係を考えて線でつなぐ。

- AとBの意見やアイデアがほぼ同じ、似ている⇒青の線で結ぶ。
- AとBは反対の意見⇒赤の反対矢印で結ぶ。
- Aが原因、Bが結果⇒AからBに向けて緑の矢印を書く。

▼

5 これからどうするかを参加者で話し、用紙に記入する。

▼

6 コピーをとって参加者に渡したり、写真に撮って共有してもよい。

「姫子さん、ハナログって姫子さんが考えたんですか?」

姫子は首を振った。

「ハナログさんが考えたの」

「はあ?」

姫子が1年の5月のこと、それまで部長だった3年生が家庭の事情で転校することになった。それで急遽、新しい部長を決めることになった。そのとき部はもめた。

「私にとっては衝撃的だった。先輩たちは仲がいい。なんでもわかり合ってる。私は勝手にそう思いこんでいた。そんな先輩たちが怒鳴り合ったからびっくりしちゃってね」

現部長への不満、部活への不満、自分が部長を引き受けられない理由を言い、肝心の次の部長を誰にするかという話になるとみんな黙った。姫子もどうしていいかまったくわからなかった。

「それで2回目の話し合いのときに、ハナログさんが『俺がみんなの考えを模造紙に書くよ』って言い出したのよ」

ハナログさんは、まず話し合う内容をみんなに聞いて、模造紙にこう書いた。

(1) 部長の仕事は何かを明らかにする。
(2) 部長の仕事のうち必要なものとそうでないものを考える。
(3) 部長がやる仕事と他のメンバーがやる仕事を分ける。
(4) 部長は誰がやるかを決める。

「そして衝撃的だったのが、1時間以内に（4）まで終わらなかったら、部長はハナログさんの推薦した人にやってもらうってことになったの。そうしたら、なんだかみんな真剣に話し始めたの」

テーマを決めたら、1番目から1つずつ話し合う。

「部長の仕事を明らかにしている途中で、『この仕事だったら○○さんがぴったりじゃないですか』とか、『ちょっと待てよ。俺は別の部の仕事も抱えているから、部長なんか引き受けられないよ』なんて意見が出ていたわ。そういうときにハナログさんが、『ちょっと待って。今は（1）を話しているから、（4）はあとで』と紙を示しながら確認したの」

現在の部長が行っていた仕事をまとめてみると、

- 部長会議や会合に出席する。
- 毎回の部活動のとりまとめを行う。
- 校外活動の調整をする。
- 事務書類を作成する。

など数多くの仕事をしていた。

仕事を明らかにした後、やるべき仕事とそうでない仕事、部長の仕事、副部長の仕事、メンバーの仕事に振り分けた。

例えば、

- 校外活動の調整は副部長がする。
- 事務書類の作成は書記という役職をつくって行う。
- チーム活動はメンバーが分担してやる。

「最後に部長は誰がやるかというテーマに入ったんだけど、別の先輩が『私がやってもいいです』と手をあげてくれた。そして、その人はハナログ先輩に副部長をお願いした。ハナログさんは引き受けてくれた」

「ハナログさんってすごい人ですね」

「私の憧れだよ」

「あのー、ハナログって本名ですか？　ハナダログオとか？」

「そんなわけないでしょ！」

葵の天然ぶりに姫子は声をあげて笑った。

今何を話しているかを確認することはとても大切だ。特に参加者の問題意識や価値観がばらばらなときこそ、話すことを決め、それを1つひとつ決めていく。

「そしてね、話し合いの最後には必ずふりかえりをするの」

姫子の目がきらきらした。

「ハナログ」には「そうか」「そうしよう」を集める

対話は2人以上でやるぬりえのようなものだ。大事なのは説得じゃなくて納得。合意を辛抱強く積み重ねていく。

「私も1年のときに、ハナログ係のやり方を姫子さんに教えてもらったんだ。姫子さんは子供の頃から知り合いで、昔からいろいろお世話になっていたんだけど。あのころの私は暴走ぎみだったからね。あっ、今でもか。ハハハ」

花は恥ずかしそうに顔を赤らめた。花は自分がいい企画を思いつくと、それを前に進めようとして周囲に「あれやって」「これやって」と指図するタイプだった。

「私、軽音部と兼部してるの。担当はギター。蓮も一緒で、あいつはベース。去年の文化祭のとき、ライブの企画を考えて、せっかくだから500人動員しようって目標を決めた。みんな『いいね』って言ってくれたんだ。でも、全然動いてくれない。チケットが全然売れない。それで姫子さんに相談したのよ」

姫子に聞かれて自分たちの話し合いを思い出してみると、「わかり合えてる」って勝手に思いこんでいたことに気づいた。

「私がいろいろなアイデアを出したんだけど、みんなは黙っていた。だから本当に賛成していたかどうかわからない。私はイライラしてたけど、みんなはなんでこいつ1人でイライラしてるんだろうって思っていたかもしれないよね」

そんなとき姫子に、「大事なのは説得じゃなくて納得でしょ」と言われた。

「花、うちの部に来なよ。ハナログ係のやり方教えてあげるから」

未来アクション部の話し合いで何度かハナログ係をやってみると、今まで自分がほとんど人の話を聞いていなかったことに気づいた。

姫子は、「花が決めるんじゃなくて、みんなで決めるんだよ。ハナログに『そうだね』『そうか』『そうしよう』を集めるんだよ」と言った。

花は軽音部の話し合いを模造紙に書いていった。

まず、お互いに「そうだよね」と思っていることから話をスタートする。

「今回のライブは500人集めようってみんなで決めたよね。そこまではいいかな?」

全員がうなづいた。

「今はSNSを使って宣伝しているけど、今のところ反応が悪いよね。前売り券は6枚しか売れてない」

「うん」

「何かいいアイデアはないかな?」

花はハナログに「ライブに５００人集める方法」と書き、盛り上がっている様子をイラストで書き添えた。蓮が「ギターの子が本物よりかわいいんだけど」とツッコミ、メンバーに笑いが起きた。でも、絵にしたことで、メンバーはイメージが浮かんだようだ。

次に「どういう方法？　誰が？　いつまでに？　何をする？」と書きこむ。

メンバーが意見を出した。

「今はＳＮＳで告知してるっていっても、ライブのチラシの写真と開催日時の情報だけ。当日演奏する曲を動画で配信したら」

「え、そんなことできるの？」

「練習をスマホで撮影してアップすればいいんじゃない？」

「誰がやる？」

「俺やるよ。動画の編集とか好きだし」

「いつやる？」

日時：9/20
場所：軽音部部室
参加者：A, B, C, 津辻野

ライブに500人集める方法

どういう方法？　誰が？
いつまでに？　何をする？

SNSを使って宣伝
当日演奏する曲を
動画で配信

初日に来てくれた人が
もう一度来てくれる
友達を連れてきてくれる

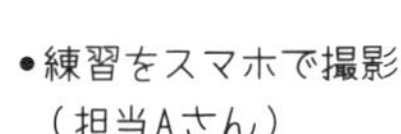

- 練習をスマホで撮影（担当Aさん）
- 日曜アップ（担当Aさん）
- 2回来てくれた人にプレゼント（担当Bさん）
- セットリストの一部を日替わりに（担当Cさん）

「練習のある火、金に撮影して、日曜アップでよくない？」

「いいね」

花はハナログにイラストと文字を書いていく。

「こういう考え方もあるよね」と別のメンバーが言う。

「500人来てもらおうと思うと、初日に250人、2日目に250人集めようと思うよね。でも、発想を変えて、初日に来てくれた250人が2日目も来てくれたり、その人が友達を連れてきてくれたりということもあるよね」

「そうか。そういう考え方もあるね」

花が声をあげた。「ハナログ」に「一度来てくれた人がもう一度来てくれるアイデア」「友達を連れてきてくれるアイデア」と書く。

「2度来てくれた人に何かプレゼントがあるっていうのはどうかな」

「セットリストを日替わりにして、新鮮さを出すっていうのはどうかな」

などのアイデアが出て「それはいいね」となった。

「結局、それからみんなが動いてくれてね、ライブは大成功！　葵ちゃんもさ、ハナログ係やるといいよ。話を聞く名人になる早道だと思うよ。それからハナログのいいところはもう1つあってね」

「なんですか？」

「ふりかえりがしやすいこと」

ふりかえり。姫子がこの前、目をきらきらさせたやつだ、と葵は思った。

11 次の一歩のための「ふりかえり」

対話の最後には「ふりかえり」を行う。ふりかえりでは「よかったこと」「次にやりたいこと」「対話を通じて自分の中に起きた変化」を話す。


葵は姫子に「ふりかえり」について聞いている。

「姫子先輩、ふりかえりって、話し合いが終わった後にやる反省会みたいなものですか？」

「そんなふうに見えるけど、ちょっと違うんだな。ふりかえりまでが話し合いなの」

「家に帰るまでが修学旅行みたいなやつですか？」

「違うわよ。なんのためにふりかえるかっていうと、1つは未来へ進むため」

「ふりかえるのに進むって、ちょっと意味がわからないんですけど」

ふりかえりは反省会ではない。反省会は、過去をふりかえり、うまくいかなかったことに焦点を当てるため、どうしても重苦しい雰囲気になる。まして犯人探しをするのは最悪だ。メンバーの関係が悪くなるだけで、前に進まない。

ふりかえりでは「よかったこと」「次にやりたいこと」を話す。

「これからどうするかを考えると、自然と失敗をふまえた意見が出るものなのよ。私たちは行動するために話し合いをしているでしょう。問題点を探していると行動力が落ちるんだよ。反省して課題を洗い出して、1つひとつ解決していても世の中の変化のスピードについていけない気がするんだよね」

そして、最後に重要なのが自分の中の変化をひとことずつ口にすること。

対話は、人との会話にとどまるものではない。

自分に何かをインプットし、それを受けて自分の中で何か変わったことがないか。自分の心の中をのぞいてみる。きっと変化が起きているはず。その変わった何かをアウトプットする。現実を受け止め、自分を変えることができる。

ふりかえりのやり方

1 話し合いの最後の5〜10分を使って行う。

▼

2 今日よかったことをふりかえる。

- グランドルールにそった話し合いができたか。
- メンバーの発言や行動の中でよかったこと。
- 今日できたことでこれからもチームとして継続していきたいこと。

など

▼

3 次にやりたいことを話す。

▼

4 個人の変化を話す。

- 少し内省する時間をとる。
- ひとことずつ話す。

12 「ハッピーサイクル」で明日をどんどんよくする

ハッピーにしたい人（自分でも他者でもよい）の現状と理想を考え、現状と理想の差を生んでいる原因を考える。次に解決方法を考えて、アクションを起こす。考えることにたくさんの時間を使わず、なるべく早めにアクションを起こす。アクションを起こすことで次の課題が見えてくる。

未来アクション部の部員になると「未来アクション手帳」がもらえる。その最初のページに「未来アクション部は、まちの未来をハッピーにします。そして私たちもハッピーになります」と書いてある。

「姫子さん、ハッピーってどういうことですか?」

「ハッピーはいろいろあっていいと思うんだよね。個人のハッピーはそれぞれだし、まちのハッピーもそれぞれでしょ。未来を考えるためにいろいろな人と話し合って、これがいいかなっていうのを決めて、行動する。葵ちゃんはどういうときにハッピーを感じるの?」

★ハッピーサイクルの考え方

1 ハッピーにしたい人の現状と理想は？
【現状】ウガンダに住むオウメさんは安全な水を得るために毎日6時間かけて水をくみに行く。

【理想】オウメさんが時間をかけずに安全な水を得ること。

▼

2 なぜ現状と理想の差があるのか？
①オウメさんの村には井戸がない。
②オウメさんの村には水道の設備がない。
③オウメさんの村からいちばん近い湖は汚染されている。

▼

3 以下のどの課題を解決すると最も効果的だろうか？
①オウメさんの村に井戸をつくるにはどうしたらいいか？
②オウメさんの村には水道をひくにはどうしたらいいか？
③オウメさんの村からいちばん近い湖をきれいにするにはどうしたらいいか？

①が最も効果がありそうだ。

▼

4 オウメさんの村に井戸をつくるにはどうしたらいいか？
①お金を集める。
②井戸を掘る技術のある専門家を探す。
③井戸を掘る道具をそろえる。

▼

5 やってみてどうだったか？
- 専門家の協力によって井戸が完成した。
- しばらくすると手押しポンプが壊れてしまった。
- オウメさんは手押しポンプを修理することができない。

→

1 ハッピーにしたい人の現状と理想は？
【現状】オウメさんは手押しポンプを修理することができない。

【理想】オウメさんが手押しポンプを修理することができる。


「夏の暑い日にかき氷を食べているときですかね」

「将来やってみたいことは？」

「ハワイに住みたいな。あっ、でも英語苦手だし、お金もかかりそうだし」

「うんうん。じゃあハッピーじゃないときは？」

「テストの前ですね。とくに数学」

「田中くんってね、将来、海外で働きたいんだって。でも今のところ英語の成績は普通。それで田中くんをハッピーにするために、話をしながら2人でいろいろ考えてみたの」

★ハッピーサイクル 田中大輝の場合

田中大輝は、いろいろな国の人たちとコミュニケーションをとり、開発途上国で水に困っている人を助けたい。ただ、大輝は英語力が不足していると感じている。学校での英語の成績はまんなかくらいだ。大輝をハッピーにするにはどうしたらいいか。

1 ハッピーにしたい人の現状と理想は？

【現状】大輝は英語があまり得意ではない。
【理想】大輝が仕事でコミュニケーションをとれるレベルの英語力を身につけている。

▼

2 なぜ現状と理想の差があるのか？
①大輝は英語を使うチャンスがほとんどない。
②大輝は英語を勉強する時間がない。
③大輝は英語の勉強仕方がよくない（わからない）。

▼

3 以下のどの課題を解決すると最も効果的だろうか？
①大輝が英語を使う機会を増やすにはどうしたらよいか？
②大輝が勉強時間を確保するにはどうしたらよいか？
③大輝がよい勉強方法を知るにはどうしたらよいか？

①が最も効果がありそうだ。

「こんなふうに話していたら、彼は読んだり書いたりはしているけど、話すことはゼロだっていうの。だから、『英語を使う機会を増やすにはどうしたらよいか？』って考えたの」

4 英語を使う機会を増やすにはどうしたらよいか？
①留学する。
②英会話教室に通う。
③英語研究会に入る。
④外国人と友達になる。
など

「2人で『英語を使う機会を増やすにはどうしたらよいか？』についての解決策をいっぱい考えて、田中くんがやってみたいものを選んだ。留学は今すぐには無理だし、英会話教室に通いたけれどお金が高い。でも、オンライン英会話はどうなのって話になった。たぶん彼、やり始めてると思うよ。ハッピーサイクルは考えるだけじゃなくてアクションが大事だから」

放課後、葵は田中に聞いてみた。

「オンライン英会話なら安いから、今までの貯金で1年くらいはできると思っている。ただ、やりはじめてみたら日常会話だけじゃ物足りなくて。いろいろな専門知識をもった人と話をしたいなって思うようになったんだ」

「アクションを起こすと課題が新しくなるってやつですか」

「そうだね。あっ、そうだ。前に湖を活かしたまちおこしの話をしたのを覚えている？」

「金賞を獲ったやつですよね」

「そう。観光船の待ち時間が長いっていうクレームが多いというのを聞いて、ハッピーサイクルを使って解決できないかって思ったんだよ」

★ハッピーサイクル 観光船の受付の人の場合

観光船の受付は多くの観光客でごったがえしている。クレームを言われ続けている観光船の受付の人をハッピーにするにはどうしたらよいか。

1 ハッピーにしたい人の現状と理想は？

【現状】観光船の待ち時間が長く、観光客からクレームを言われている。

【理想】観光船の待ち時間が短く、観光客に喜んでもらう。

2 なぜ現状と理想の差があるのか？

①観光客の数に比べて観光船の台数が少ない。

②観光船の運行時間が長い。

3 以下のどの課題を解決すると最も効果的だろうか？

①観光船の台数を増やすにはどうしたらいいか？

②観光船の運行時間を短くするにはどうしたらいいか？

「こんなふうに考えて市役所に提案しに行ったんだ。ところが、市役所の人には、観光船を新しく買う予算はないし、運行時間を短くすると観光客の満足度は下がってしまうと言われた。それで別の考え方もあるなって思った。ハッピーにしたい人を受付の人から観光客に変えてみた」

ハッピーサイクル 観光客の場合

1 ハッピーにしたい人の現状と理想は？

【現状】観光客は待ち時間を楽しく過ごせていない。

【理想】観光客は待ち時間を楽しく過ごせる。

2 なぜ現状と理想の差があるのか？

①観光客に快適に待ってもらう工夫がない。

3 これを解決すれば最もうまくいくのは？

①観光客に快適に待ってもらうにはどうしたらいいか？

「こんなふうに考えて待合所に工夫をしたんだ。切符を買ってくれた人をアトラクションルームに通して、そこでまちの説明をクイズ形式で行うイベントをして、正解数に応じておみやげの買えるクーポン券を渡すことにした」

「誰をハッピーにするか、現状をどう見るか、原因をどう見るかによって、解決策やアクションって全然違うものになるんですね」

「それがハッピーサイクルのおもしろいところ」

大事なことは自分たちで考えているだけではなく、すぐに行動を起こすことだ。行動を起こすことで問題はよりはっきり見えてくるし、解決方法に到達しやすくなる。

13

未来思考と「バックキャスティング」でアクションを起こす

物事を考える視点を未来に置いて、そこから現在をふりかえることをバックキャスティングという。「こうなりたい」という発想から未来を思い描くので、たくさんの未来像が思い浮かぶ。自由に思い描くことが可能であり、想像するとワクワクしてくる。


姫子は葵に「ハッピーサイクルとは別の方法」を伝えようと思った。

「それは未来を意識し、未来にはたらきかける方法。未来アクション部にふさわしいやり方だよね」

「未来？」

「葵ちゃん、この前、ハワイに住みたいって言ってたじゃない」

「えっ、ええ、まあ」

「それはいつ頃になりそうなの？」

「いやあ、考えたことなかったけど。うーん、そうですね。10年後とか？」

「じゃあ、2030年にはハワイに住んでるってことか。イメージして。どんな家？」

「えっ？」

「やっぱり海の近くがいいの？」

「そ、そうですね。海辺の白い家とか？」

「葵ちゃんはハワイで何をしてるの？」

「何？」

「仕事よ。２０３０年には26歳になってるでしょ。なりたい職業とかある？」

「うーん、かき氷屋さんを経営してるとか」

「ハワイでかき氷？　いいじゃない。大きなお店なの？」

「おしゃれなレストランを経営していて、そこでかき氷も扱っているって感じですね」

「いいねえ。つまり、２０３０年にハワイの海辺の白い家に住んで、レストランを経営してるってことね、マダムアオイ」

「そ、そうなりますね」

「うん、そうだね。そうなるよ。私絶対行くから、少しおまけしてね。あとハンバーグにはパイナップルのせなくていいから。お肉の上にフルーツって、ちょっと苦手なのよ」

「あ、私も。うちのレストランではハンバーグにパイナップルのせませんし、メロンに生ハムものせませんし」

姫子のくりっとした目に見つめられて、葵もなんだか「そうなる」ような気がしてきた。

「じゃあ、そこからバックキャスティングで考えるよ」

現在、もしくは過去のデータから、「こんな世の中になるのではないか」と未来を予測することをフォアキャスティングという。フォアキャスティングで未来を考えると、現在の状況から可能性の高い未来を想像するので多様性は低くなる。

一方、物事を考える視点を未来に置いて、そこから現在をふりかえることをバックキャスティングという。

バックキャスティングでは未来に視点を置いて、理想とする未来の姿を思い描く。「こうなりたい」という発想から未来を思い描くので、たくさんの未来像が思い浮かぶ。自由に思い描くことが可能であり、想像するとワクワクしてくる。

フォアキャスティングで現在の課題を1つひとつ改善していこうとすると、義務感が強くなり、ワ

★フォアキャスティング

課題が解決された未来

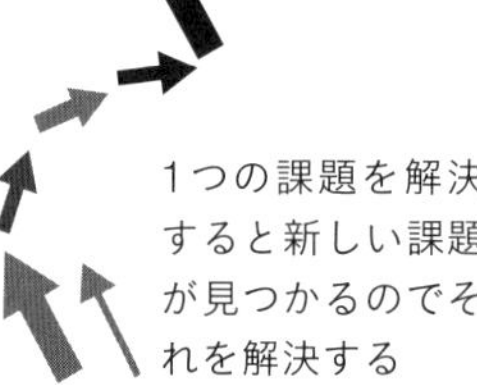

1つの課題を解決すると新しい課題が見つかるのでそれを解決する

課題がある現在の姿

★現状に基づくため、現在と全く異なる将来を描きにくい。

★バックキャスティング

「こうなりたい」という未来

「こうなりたい」を実現させるために今やることを決める

課題がある現在の姿

★現在の状況を前提としないため、劇的な変化も期待できる。

クワク感はなくなる。弱点をあげている間に自信を失ってしまうことがある。すぐにエネルギーが切れてアクションにつながらない。

一方で、バックキャスティングはアクションを継続しやすい。

「私がハワイねえー。姫子さんはどうするんですか?」

「私はカナダに行きたい。森林の勉強をしたいって思っているんだ。でも、それは20代までで、そのあとはこの近くに住んでると思うんだ。私、かっこいい木こりになって、森の中に学校もつくりたいから」

「へえ」

葵たちは半年後、この方法をつかって舘川市を動かすことになるのだが、今はまだピンときていない。

未来思考とバックキャスティング

1. ○年後の未来に視点を置き、理想となる姿を思い描く。

▼

2. 例えば、30年後のあるべき姿を得るために、20年後までに何をしておくべきかを考える。

▼

3. さらに10年後までには何をしておくべきかを考える。

▼

4. さらに現在何をすべきかを考える。

外に出よう！「他人の力」でよくなろう

自分たちだけで最後まで仕上げようと思わなくていい。ある程度考えがまとまってきたら外へ出よう。現場を見たり、他者から意見をもらうことで考えは進化する。

夏休みが終わるとすぐに市民文化祭がある。

未来アクション部はここで発表することになっている。

テーマは、「まちづくり」「水」というキーワードが入っていればあとは自由に決めていい。1人ひとりがテーマをコピー用紙に書き、サイレントグルーピングによって、チームを決めた。

でも、祈たちのチームは、夏休み後半になってもなかなかまとまらない。

テーマは、台風による豪雨災害。昨年、「観測史上最大」といわれる台風がまちを襲い、何軒もが床上浸水し、収穫間近だった稲が大きな被害を受けた。道路も水浸しになり、低いところで動けなくなった車がたくさんあった。

最初のうちは「豪雨災害をなくすにはどうしたらいいか」を考え始めた。リーダーの蛇口守は言った。

「台風の勢力が強くなったのは、気候変動と関係があるらしい。海水の温度が上がって、それが台風のエネルギーになるんだ」

★サイレントグルーピング

1. 問題・興味・関心をキーワードペーパーに書く。

2. 3分間黙って、教室内を歩き、お互いのキーワードを見せ合う。

3. 似たキーワードを持った人で、なんとなく集まる。

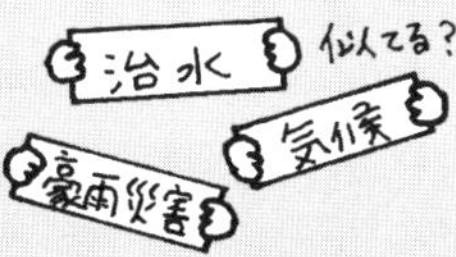

4. 1人ずつ、問題意識・関心事を発表する。もし自分の問題意識と違ったら、他のグループに移動したり、別のグループをつくる。

祈もそのことをニュースで聞いたことがあった。

「でも豪雨災害をなくすにはどうしたらいいですか？」

「温暖化を食い止める方法を考えようか？　例えば節電とか植林とか。となりの宇野市の森林はハゲ山になってるらしいし」

だが、少したつと行き詰まった。確かに節電や植林は重要だ。絶対にやるべきだ。でも効果が出るまでに時間がかかる。

実際、今年6月にも台風が舘川市を襲った。祈は高台にある公民館に家族と避難した。

「豪雨災害をなくすのは無理だと思うんです。災害は起きるけど、なるべく被害を少なくする方法を考えたほうがいいんじゃないですか？」

そこで全国各地で起きた豪雨災害について調べた。被害を少なくするために、情報の伝達や避難が重要であることはわかった。蛇口は避難するときのポイントをまとめ始めた。

でも祈は「それでいいのかな」と思った。

「避難の仕方をまとめて発表しても、まちの人の役には立たないんじゃないですか？」

蛇口はだんだん焦ってきた。他のチームはもうポスターをまとめ始めていた。

「どうしよう。たぶん間に合わないよ」

「変な発表したら、他のチームに迷惑をかけちゃうかな」

祈も弱気になると、蛇口はこう言いだした。

「元に戻って、節電の提案についてまとめようか。例えば再生エネルギーに切り替える方法とか、年前の家電と新しい家電の消費電力の比較とか」

「それなら2、3日あればポスターにまとめられそうですね」

すると3年生の多々良鉄也が「ちょっと待って」と言った。

市民文化祭は、1、2年生が中心となってポスターセッションを行い、3年生はアドバイザーだ。

「十分にまとまっていなくてもいいから、今の考えを誰かに聞いてもらおう」

祈は急に不安になった。

「いやですよ。誰かに聞いてもらうなんて。こんな発表じゃ恥をかきます。絶対に馬鹿にされます」

「そうかもしれない。でもグレードアップの早道だと思う。新しいお菓子をつくったら試食してもらう。コメントをもらって、もっとおいしくする。そんな感じだよ」


祈たちは市役所の防災課に行って話を聞いた。

まずは誰をハッピーにするかを決めなくてはと思った。

「豪雨災害で避難するときに、困っている人は誰ですか?」

防災課の人はこう言った。

「小さい子を連れている人、体の不自由な人、お年寄りでしょうか。特にお年寄りはインターネットにアクセスできなかったり、防災放送が聞き取りにくかったりします」

介護施設や一人暮らしのお年寄りにも聞き取りに言った。

「雨が降ってたら、市役所の放送はまったく聞こえないんですよ」

「公民館に避難しようと思って家を出たんですけど、途中の道が冠水していたんで、戻ってきました。ハザードマップって、自分の家のまわりだけ見ていてもダメなんですね」

話し合ううちに課題は変わり、解決方法も変わる。他者のコメントがそのきっかけになることは多い。だから自分たちだけで悩まずに、いろいろな人と話をするといい。祈たちは課題を「豪雨災害でお年寄りを誰一人取り残さないために」にした。

花と葵のチームは「おいしい水とほたるのまちの未来」がテーマだ。

このチームもまちの人からいろいろなことを聞いた。

「昔はもっとまちのあちこちに湧き水があったんだよ。湖のまわりの湿地にほたるがいてね」

「市民の水への関心は低いんじゃないかな。水はあって当たり前だと思っている人が多いよ。特にどこから水が流れてきているかを知っている人は少ない。湖の水はね、お隣の宇野市から地下を通って流れてくるんだってよ」

「田んぼが減ったことが湖の水が少なくなったことにつながっているんじゃないか。あとは宇野市の森ね。だいぶ切られてしまったからな」

「宇野市の森に行くなら私が案内してあげようか」

と姫子が言った。姫子は宇野市から通っていて、おじいさんは地元の林業家だという。

宇野駅までは舘川駅から電車で20分。花たちが改札を出ると、

「こっち、こっち」

と姫子が手を振る。葵は姫子が作業着をさっそうと着こなしていることに驚く。

「姫子さん、もうかっこいい木こりになってるじゃないですか」

チームのメンバーは姫子のおじいさんの運転するミニバンに乗り込み、いろいろな森を見せてもらう。おじいさんが営んでいる整備された森、植えられたけれどまったく手入れのされていない森。ある場所では一面切り株が残り、ハゲ山が広がっていた。植林もされず、土がむき出しになっていた。

姫子が悲しそうな顔をしながら土の表面をなでていた。

葵は聞いた。

「ここの森が切られたことと、舘川の湖の水が少なくなっていることに関係があるんですか?」

おじいさんは言った。

「森の土にしみ込んだ水が地下水になって、舘川市の湖までつながっていると考えられているんだよ。でも土を触ってごらん。堅いだろう。ハゲ山だと降った雨が地面にしみ込まない。流れてすぐに川に入ってしまう。洪水にもなりやすくなる」

帰りの電車の中でチームメンバーは話をした。

「花先輩、地下水って不思議ですね。目に見えない水が流れているんですね」

「そうだね。湖を守る方法って、いろいろあるんだなと思ったよ。田んぼや森が関係してるなんて思わなかった」

現場に行ってみると想像以上の発見があるものだ。

15

「メッセンジャー&レシーバー」で発表をブラッシュアップする

発表で大事なことは、自分の考えを相手に伝えるだけでなく、相手から質問や意見をもらうことだ。これによって発表内容はよりよくなっていくし、相手の意見を取り入れることで相手にとっても自分事になっていく。そうすることでアクションにつながりやすくなる。ポスター発表やプレゼンがうまいのはすばらしいことだが、それで終わってはいけない。

9月になり、市民文化祭での発表が近づいてきた。発表はポスターセッション形式で行われる。ポスターの前に立って内容を説明し、その後、参加者の人と意見交換する。

姫子は葵に「意見をたくさんもらえるようなポスターをつくってね」と言う。

葵のチームは「おいしい水とほたるのまちの未来」がテーマ。それには、舘川市の範囲だけで考えるだけではなく、宇野市の森や地下水の流れを考える必要があると思うようになった。だが、そのことについてアンケート調査をしてみると、多くの人には知られていない。そこで「水の学校」をつくる提案をしようと思っている。

★ポスターのつくり方

1 参加者をイメージする

ポスターを見る人の視点を考える。取り上げる話題についての知識がほとんどない人を対象にする場合は、内容の理解を助けるようなわかりやすい情報を示し、見た目が魅力的になるようにする。

▼

2 全体の流れと概要を決める

ポスターにストーリーをつくる（一般的には、タイトル、背景、取り組んだ問題、研究方法、結果、考察などの構成が多いが、ＰＲＥＰ法をもとにつくってもよい）。

▼

3 ポスターの各パートに入れる資料を集める

▼

4 ポスターをレイアウトする

パートに関係する資料の配置を大まかに決める。重要なパートのサイズを大きくし、注目される位置に配置する。文字３：写真やデータ４：白い部分３くらいの割合がよいとされる。

▼

5 セッションの練習をし、ポスターを修正する

本番と同じ大きさで出力し、確認する。3〜5ｍの距離から見て印象のよいポスターは、参加者を引きつける。実際にポスターセッションをやってみる。説明しやすさ、第三者の意見などから、ポスターを改善する。

多目的室には4枚のポスターが貼られている。

（津辻野花、白鳥葵　他）

癒しのカヌー体験で
関係人口を増やす

（田中大輝、近藤健斗　他）

（城沼蓮　他）

（蛇口守、茂林祈　他）

姫子がファシリになってポスターセッションの練習を始める。

「最初に『ほたるチーム』と『カヌーチーム』が説明役、『水質浄化チーム』と『豪雨チーム』はお客さん役だよ。5分間で説明、10分間の意見交換。15分で交代するよ」

最初は意見交換がすぐに終わってしまった。

そこで姫子は次のように変えた。

「説明が終わったら、3分間時間をとります。そのときに質問1つ、意見1つを付箋に書いてください。意見交換はそれをもとに行います」

この方法に慣れてくると、質問を考えながら聞く、意見を考えながら聞くことが習慣になる。ただ、質問を書くだけでなく、鬼になったつもりで、厳しい質問や、いじわるな質問も考える。そのための鬼の絵のついた質問用紙「鬼質問カード」も1人に1枚ずつ渡した。

鉄也が考えた「メッセンジャー&レシーバー」という方法も使った。この方法だとスムーズに改善のための意見交換ができる。

メッセンジャー&レシーバーのやり方

2チームに分かれ、お互いの発表や授業を聞き、改善の提案を行う。2チーム以上で行うこともできる。

1. まずは1人ひとりが、相手チームの発表や授業の「よかった点」をブルーの付箋に、「こうすればもっとよくなる点」をピンクの付箋に書く。2、3分の時間をとり、なるべくたくさん書く。

▼

2. 「よかったところ」「こうすればもっとよかったところ」をそれぞれ1枚の紙（A3のコピー用紙）に集め、チームで共有する。似た意見は近くにまとめる。

▼

3. チーム内でメッセンジャー役（1、2名）を決める。その他の人はレシーバー役になる。

▼

4. メッセンジャーは付箋（ギフト）の貼られた紙を相手チームに届ける。レシーバーは相手チームの付箋（ギフト）を受け取る。メッセンジャーは付箋の内容を相手のレシーバーに説明する。

▼

5. メッセンジャーはチームに戻る。チームで相手チームからの付箋（ギフト）を共有し、「次はどうするか」を話し合う。

市民文化祭の日、お客さんは興味のあるポスターのところに行く。発表を聞いたのちに、質問したり、意見交換したり。祈たちの「豪雨災害でお年寄りを誰一人取り残さないために」にも、たくさんの意見が寄せられた。

発表会を終えた祈のところに多々良鉄也がやってきた。

「疲れた?」

「ええ、ぐったりですよ。考えてもいなかったこと質問されて。まいったなあ」

「発表会のよさは、見ず知らずの人に質問されることにあると思うんだ」

ふだんは問題を理解している人が集まって話し合う。そこでは問題の背景に関する質問などは滅多に出ない。

全員が「そんなことはわかっている」と思っている。

ある意味スムーズに話し合いが進むけど、実は問題の本質をとらえていなかったり、本質がわからないまま解決策を模索したりすることがある。

その点、問題の背景やチームの活動経緯を知らない人は、新鮮な質問をたくさんしてくれる。新鮮な質問はメンバーの脳を活性化し、同時に本質を浮き彫りにする可能性を秘めている。いろいろな質問は考えを柔軟にし、発想を豊かにする。

人間は、知らず知らずのうちに、いつも同じ視点で物事を見るようになってしまう。質問もいつのまにかワンパターンになりがちだ。

「だから、人からもらう質問はとても大切なギフトということになる」

「ぐったりするほど、ギフトもらいましたよ」

「脳にはいい刺激になったってことだよ」


市役所の前園部長が花のところへやってきた。

「どのチームもすごくよかった。本当にまちづくりに館南生の力を貸してほしい」

前園さんの目は真剣だ。

「はい。ぜひ」

花は目を輝かせた。

「実は、来週の土曜日に水のことを考えている市民の人たちの集まりがあってね、そこに君たちも参加してほしい。来てくれるかな」

「はい、行きます」

花はすぐに返事をした。

16 「対話」で新しい自分に出会う

話し合いをするには準備が必要だ。話しやすい雰囲気をつくるために、机の配置を工夫したり、グランドルールをつくったり、話し合いの準備体操を行ったりする。だが、多くの会議ではそうしたことが配慮されないまま始まる。

花は、市役所の前園部長から「市民の会議に参加してほしい」と言われたことを姫子に伝えた。だが、その日、3年生は模擬試験だった。

「2年生と1年生で行ってきてよ。自分たちの考えを市民の人に伝えるチャンスだね」

会議ではポスターセッションを行うため、4つのチームから数人ずつ参加することになった。「おいしい水とほたるのまちの未来」は津辻野花と白鳥葵、「癒しのカヌー体験で関係人口を増やす」は田中大輝と近藤健斗、「太陽光を使った浄水装置で湖の水質をきれいに」は城沼蓮、「豪雨災害でお年寄りを誰一人取り残さないために」は蛇口守、茂林祈。

市民文化祭で多くの人から質問や新しいアイデアをもらい、発表内容はどんどんよくなっていた。

ところが当日、市役所の玄関で待ち構えていた前園部長が思わぬことを言いだした。

「今日は君たちに全部任せるからね」

花は嫌な予感がした。

「どういうことですか?」

「会議を仕切ってほしいんだ。ファシリテーターをやってほしい」

「聞いてないです。いきなりは無理です。ファシリをやるには準備が必要なんです」

「大丈夫。ふだん通りにやってくれれば。市民文化祭で君たちの発表を聞いた人たちも、高校生が司会するのを楽しみにしてる」

花の頭の中に姫子の顔が浮かんだ。

「私たちがファシリするって言っちゃったんですか」

「みなさん期待してるよ。まちを変えてくれるんじゃないかって」

花と葵は顔を見合わせた。

会議には地元の企業の人、環境活動をしている市民団体の人、市役所の人などが50人程度参加するという。

「グループでの話し合いに慣れていない人もいるんじゃないか」

「そうだな」

田中大輝と城沼蓮も不安そうだ。

花は、自分自身を奮い起こすように言った。

「やろう。期待されてるんだから。私がファシリやる。蓮、手伝ってよ。他のみんなはグループに入ってハナログをやってくれない？」

「わかった」

会議室に入った花は、テーブルとイスの配置を見てさらに動揺した。学校の教室のように全員が前に向かって座る形式で並べられていた。

「すぐ直そう」

「5人1組で座れるようにしてください。それから同じ団体の人どうしで固まらないように受付で誘導してもらえますか」

前園さんはすばやく対応してくれた。

テーブルを直しているうちに、参加者が続々と集まってきた。

開始まであと10分。

花と蓮は急いで話し合いの流れを考え、その他のメンバーは手分けしてポスターを貼る。そのとき祈が言った。

「花先輩、グランドルールは？」

★話しやすい雰囲気をつくる机の配置の工夫

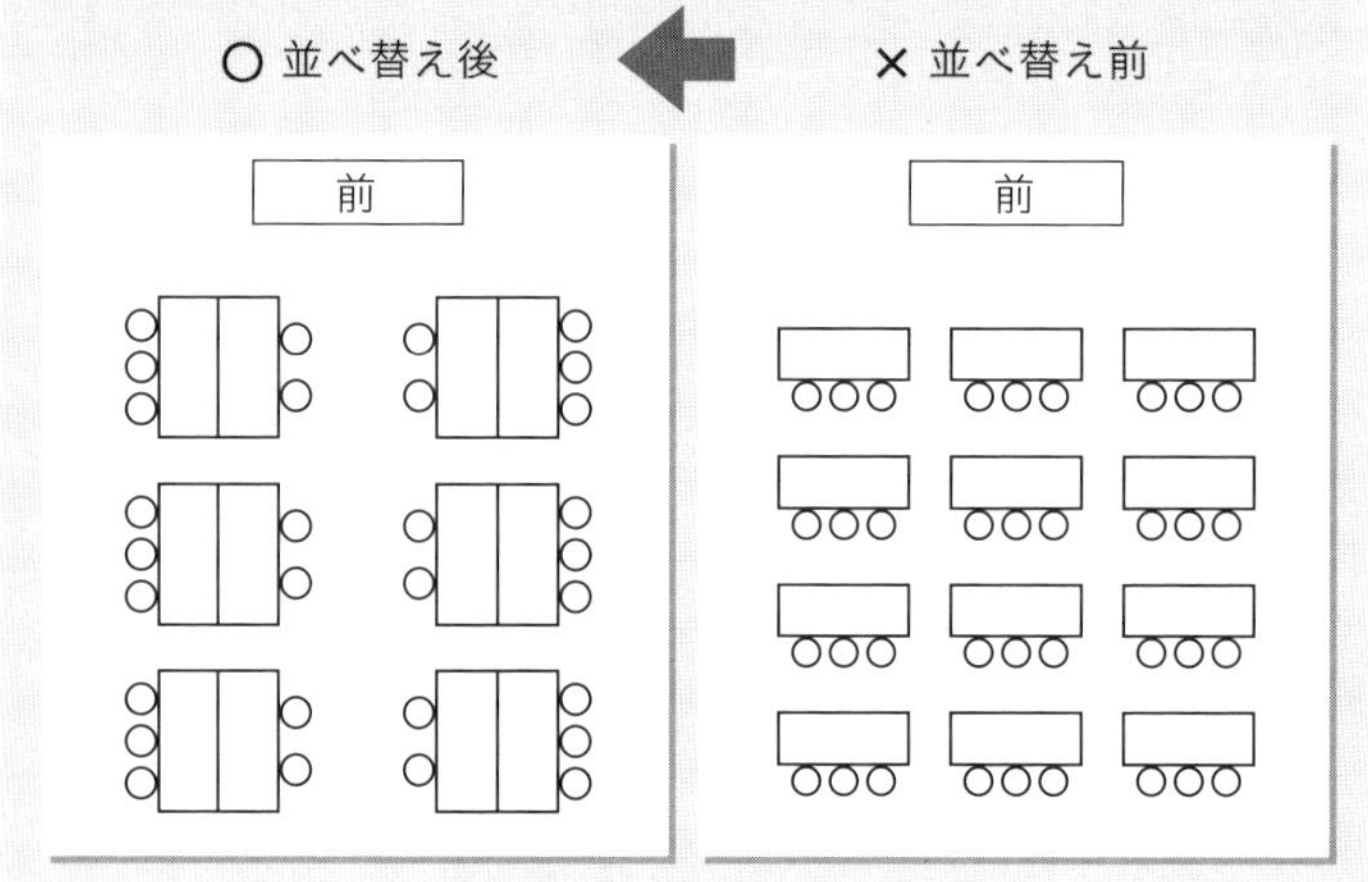

今日のような初対面の人の話し合いのときにはグランドルールが有効だ。

「ないよ。うーん、メールで送ってもらって印刷しよう」

花は学校に残っている2年生にメールを送るが、返事は来ない。

開始まであと1分。

「間に合わない。ホワイトボードに書こう」

「だめだ。ホワイトボードには今日の予定がびっしり書いてある」

花と蓮は細かい段取りを決められないまま、本番を迎えてしまった。

「こんにちは。本日ファシリテーターを務めます、舘川南高の津辻野花です」

「同じく城沼蓮です。よろしくお願いします」

花が小声で言う。

「蓮、ベルがない。あれがないとうまくできないよ」

「べ、ベルか。しょうがないよ、がんばれ！」

ふだんなら参加者の緊張をほぐそうとボケとツッコミを繰り返す2人だが、今日は自分たちのことで精一杯だ。その緊張はハナログをしている舘南のメンバーだけでなく、一般の参加者にも伝わった。

花は話し合いの準備運動に「チェックイン」を選んだ。

「1つのグループに5人ずつ座ってもらっています。これから5分間で、今感じていることをなんでもいいので話してください。5分で全員が少しずつ話せるようにしてください。では、始めてください」

葵はハナログとして参加者の発言を紙に書く準備をした。

しかし、誰も話を始めない。重い雰囲気の中、葵のテーブルにいた「ほたるの会」の杉山会長が大声を張り上げた。

「ではひとこと言わせてもらう。私は湖の水の量が減って、貴重な生きものが絶滅しかけていることをとても心配している。湿原が減りほたるの数も少なくなった。その原因をつくったのが飲料水メーカーだ。飲料水メーカーが地下水をくみ上げすぎているのが悪い。市役所は規制をかけるべきだ」

すると隣のテーブルに座っていた男性が立ち上がった。

「ちょっと待って。いきなり何を言い出すんだ」

飲料水メーカーの工場長の土井さんだった。

土井さんのテーブルのハナログをしていた大輝が、

「今は自分のテーブルに集中してください」

と言うが、耳を貸さずに立ち上がった。

「聞こえちゃったんだよ。飲料水メーカーのせいで地下水が減ってるって言っただろ」

「私は事実を言ったまでだ」

「うちの会社はくみ上げすぎてはいない。それにこのまちの水を全国に販売して、まちの魅力をＰＲしている。地元の人も工場でたくさん働いているんだ」

別のグループに座っていた「ほたるの会」のメンバーが「地元の人が働いていることと、水が減った問題は関係ない」と声を上げれば、メーカーの社員は「水が減ったという根拠を示せ」と言い返す。

市役所の前園さんが止めても、杉山会長と土井さんは自分の主張を繰り返し、場は騒然とした。

花は思った。

「ベルを鳴らしたい。こんなとき姫子さんならどうする？」

思い切って声を出す。

「ここは新しい仲間で話し合って未来を考える場所なんです」

大人たちの耳には届かない。

「話し合いなんか無意味だ。こんな人とわかりあえるわけがない」

と杉山会長が言えば、土井さんは、

「私はもともとこういうワークショップみたいなものが好きじゃない」

と言う。


花は立ち尽くしていた。蓮も立ち尽くしていた。

葵は花に声をかけなきゃと思ったが、なんと言ったらいいのか言葉が見つからない。

祈は市民の中に、薄笑いを浮かべている人がいることに気づいた。会議室を見回すとそういう人は何人もいた。冷笑は言い争っている2人や自分たちに向けられているように思えた。

「静かにしてください！」

市役所の前園さんが大声を上げた。騒然としていた会場はハッと我に返ったようだ。

「失礼いたしました。でも、みなさん、聞いてください。今日はいろいろな立場の人が来ています。お考えもそれぞれ違うでしょう。でも違うからといって、何もしないままではいけない。自分とは違う考えの人とでも一緒にやっていこうという冷静さ、寛容さが必要です。そして、アクションを起こす必要があります。ただ、私たちにはその力が不足している。そこで私は未来を担う高校生たちの力を借りたいと思いました。未来のことを決めるには、未来の主役である彼らの声が重要です。だから、みなさん、どうか彼らのことを尊重してください」

その言葉を聞いて、花は目から涙がこぼれそうになるのを、ぐっとこらえた。

前園さんは花と蓮のほうを見て姿勢を正した。

「実は、私が今日いきなり彼らに司会進行役をお願いしてしまったのです。無理なお願いをして本当に申し訳ありませんでした」

前園さんは深々と頭を下げた。

大人たちは顔を見合わせ、目を伏せた。高校生の前で大人気なかったと反省しているのかもしれない。

「私は彼らの活動を3年間見てきました。彼らには、自分と異なる他者と共存しようとする冷静さ、寛容さがあります。意見の異なる他者と対話をしながら新しい世界をつくっていこうとしています。だから、彼らには引き続き、この会の進行をしてもらいたいと思っています。みなさんはどう思いますか」

会場から拍手が起きた。

「ありがとうございます。ただ、それは次回ということにして、今日は彼らの発表を聞きたいと思います。市民文化祭で聞いた人もいると思いますが、彼らはまちの将来をハッピーにしようという企画を考えてくれているのです」

花たちはポスターセッションを行った。市民の人たちからたくさんの質問と意見をもらった。

でも、ファシリがうまくいかなかったことは、大きなショックだった。

市役所の玄関を出ると辺りはもう暗くなっていた。

「ごめん。みんな。今日は、ここで解散でいいかな」

「花、おまえだけが悪いわけじゃないんだ。俺たちみんなの力が足りなかったんだ」

蓮の声を聞きながら、花は「じゃあ、来週、学校で」と背を向けて歩きだした。

「待てよ、花。今思っていることだけでも共有しておこうぜ」

花はしばらく黙っていたが、全員の顔を見回し、わずかにうなずいた。市役所脇の街路灯の下に7人は小さな輪をつくり、「ふりかえり」を行った。今感じていることをそのまま言い合った。

蓮は、こう切り出した。

「俺は正直めちゃくちゃ悔しい。いきなりファシリをふられてテンパった。相方のサポートが何1つできなかった。つかみのギャグも忘れてたし。緊張してる花をいじることもしなかった。ベルがないなら、俺がチリンって言えばよかった。でも次回までに立て直したい。できれば以前、姫子さんがやっていた未来からバックキャスティングする方法を市民の人たちとやってみたい」

大輝は言った。

「俺はよかった部分もあったんじゃないかって思ってる。ほたるの会と飲料水メーカーの対立についてはなんとなく市役所の人から聞いていたけど、こんなに深刻だったんだってわかった。

でも、まちの将来を考えると、その対立だけに目を奪われるのはよくないと思った。湖を活かして、観光をやっている人もいるし、農業や漁業をやっている人もいる。みんなが将来のまちのイメージを共有できるといいかなって思う。蓮の言う未来からバックキャスティングする方法をやってみることに俺は賛成するよ」

祈が口を開いた。声が震えていた。

「話し合うって、本当にやっかいだな、って思いました。私、中学校のときにも話し合いがうまくいかなかったことがたくさんあって。こんなに面倒くさいなら話し合いなんかしないで、誰かに勝手に決めてもらったほうが楽かなって。心の中でずっとそう思っていたんです。部活も今年いっぱいでやめようって思ってました。

でも今日、ほたるの会と、飲料水メーカーの人が言い合いをしているときに、まわりでちょっと笑っている人がいたんです。何人もの人がうっすら笑ってたんです。それを見て私もあの人たちと同じだなって思いました」

祈は泣き出した。対話は自分自身を揺るがす。他者の醜い考えや行動に接することで見えてしまった自分自身の醜い部分に向き合ってしまう。

でもそれは、自分自身を変えるチャンスでもある。

「何もしないでうっすら笑っているだけ。決めないから責任もない。私も今までそうしてきた。でも、今日は初めて、そんなの嫌だって思いました。そしたら鉄也先輩から聞いたグランドルールをつくった人の言葉が頭に浮かんできて。今日、グランドルールがあれば少しはうまくいったのかなって」

葵は泣き崩れそうになる祈を抱きしめながら言った。

「私、先輩たちはすごいなって思いました。花さんたち2年生だけでなく、姫子さんやみのりさんや、その前の伝説のハナログさんとか、先輩たちがこれまでやってきたことが前園部長に信頼されて、期待されて、市民会議のファシリを任されるなんて本当にすごいことだと思うんです。それにファシリもハナログも今日はふだんの実力を発揮できなかったけど、ポスターセッションは今までいちばんよかったと思います。すごく盛り上がったし、質問やコメントの付箋もたくさんありますよ」

とコピー用紙に貼り付けた１００枚以上の付箋を花に見せた。

「対話は成功したんです」

それを見て、花はこぶしを握りしめ、声を絞り出した。

「私、本当にバカだな。自分だけが失敗して傷ついたって思いこんで。みんなでここまでやってきたのに、みんなの気持ちも考えずに、１人で帰ろうとして。最低だよ。ここで馬鹿を引き止めて、ふりかえりをしてくれた蓮には本当に感謝です。私、このまちが好きなんだ。だから、このまちの将来を考える会議に参加させてもらえるなんて本当にハッピーだと思っている。もう１回……もう１回……」

花は声をつまらせ、それ以上は話すことができなかった。

蓮が声をかけた。

「ああ、腹減った。みんな、そこの角にあるうどん屋行こうぜ。おい、花、おまえの好きな食べものなんだっけ」

「言わせんなよ」

花は蓮の肩に軽くパンチした。

「かげほめ」で自分とメンバーの長所を知る

「かげほめ」は当人がいないつもりで、その人の長所を語り合うという話し合いの準備体操だ。かげほめの目的は、自分やメンバーの長所を客観的に理解すること。長所を見つけることに慣れていない場合は、「かげほめシート」を使う。メンバーがそれぞれの長所を把握することでチームは強くなる。


姫子は多目的室で考えこんでいる花を見かけた。

市民会議のことを葵や蓮から聞いて、事前にもっと1、2年生をサポートできたんじゃないかと後悔していた。

みのりは姫子の気持ちを察したのか、「前に進むしかないよ」という。

次の部活の日、姫子は話し合いの準備運動を始めた。

「久しぶりのファシリで緊張しちゃうなあ。さて、今日は『かげほめ』をやります。『かげ口』は当人のいないところで悪口を言うことだけど、『かげほめ』は当人がいないつもりで、その人の長所を語り

かげほめの実施方法

かげほめは、メンバーや個人の長所を理解するために行う。

1 4、5人でグループになる。

2 1人は後ろを向く。残りの人で後ろを向いている人の長所を具体的なエピソードとともに3分間語る。(長所を見つけるヒントとして次ページの「かげほめシート」を使ってもよい)

3 3分たったら次の人が後ろを向き、残りの人で後ろを向いている人の長所を語る。

4 全員の「かげほめ」が終わったら、簡単にふりかえりを行う。

【準備力】ものごとを始める前にさまざまな用意をしている

【切り込み力】なんでもやってみようというスタンスで、先陣を切る

【前向き力】嫌なことを上手に処理して前を向ける

【後輩力】後輩キャラでかわいがられる

【自律力】人に頼らず、なるべく自分でやる

【高揚力】自分からやる気を出してチームに活力を与える

【鎮静力】熱くなりすぎたメンバーを冷静に導く

【癒やし力】苦しいことがあっても存在がチームを明るくする

【レスキュー力】チームのピンチをものすごい力で救う

【動かす力】チームメンバーに仕事を振るのがうまい

【送りバント力】チームを影でサポートする

【耳すまし力】相手の意見を聞き出す、引き出す

【質問力】鋭い質問でチームメンバーの脳を活性化させる

【受容力】とりあえず、どんな意見でもいったんは受け入れる

【論理力】筋道を立てて考える力がある

【吸収力】知識やノウハウをすばやく自分のものにする

【おもしろ発見力】どんなものからでも、おもしろいポイントを発見する

【分析力】物事の仕組みを解明する

【調査力】わからないことがあると、すぐに調べる

【語学力】

★かげほめシート

長所を見つけることに慣れていない場合は、この「かげほめシート」を指さしながら行うとやりやすい。「○○力」は自分たちでどんどんつくってみる。

【継続力】1つの活動を継続して行える	【向上力】よりよいアクションができるよう努力する	【熟考力】じっくりと考えて慎重に行動する
【すぐやる力】やると決めたらすばやく実行に移す	【ルール力】チームのルールにそった行動ができる	【先輩力】先輩キャラで後輩のめんどうをよくみて、頼られる
【巻き込み力】異なる意見をとり入れ、チームを引っ張る	【ネゴ力】チームのために人を動かし、自分のねらいに近い結果を得る	【変革力】停滞していた研究などを新しいものに変える
	【場づくり力】チームの雰囲気を明るく楽しくしてくれる	【活用力】先生や専門家に上手に頼る
【雑談力】話題が豊富で、会話が途切れない	【批判力】誰かの意見や提言をきちんと批判できる	【伝達力】相手に合わせて情報を的確に伝える
【説得力】人を納得させる	【発信力】自分の意見を工夫してわかりやすく伝える	【客観力】ものごとを客観的に見ながら判断・行動する
【探究力】未知のものに興味をもって取り組む	【柔軟力】すでにある事柄にとらわれず、状況に合わせた行動ができる	【判断力】適切な決断ができる
【組み合わせ力】既成のもの、人などを効果的に組み合わせる	【洞察力】人や物事の見えない関係性をあぶり出す	【課題発見力】状況を分析し、課題を明らかにする
【計算力】	【表現力】	【文章力】

花が後ろを向くと、蓮、祈、健斗が話し始める。

口火を切ったのは蓮だ。「かげほめシート」の「切り込み力」を指さしている。

「花ってさ、とにかく『切り込み力』がハンパないって思うんだよね。壁は壊せるって勝手に信じてるんだよね。でっかい壁があっても、目に入ってないのかも。

俺だったら面倒くさかったり、ハードル高いなって思って、絶対やらないようなことを簡単にやっちゃうんだよね。

そのおかげで俺たちに新しい景色を見せてくれる。だから、あいつと出会って得したんじゃないかって、最近思ってるんだ」

花は、背中のほうから聞こえてくる声を聞いてからだカーッと熱くなる。ふだんは「おまえって暑苦しい」「テンション下げろ」なんて言ってくる蓮の口から思いもかけない言葉を聞き、驚く。

続いたのは祈だ。

「『おもしろ発見力』がすごいんですよ。以前、私が何気なく言った言葉を拾ってくれて、『それすごいよ。おもしろいよ。それで問題解決するよ』って。花さんが発見してくれたアイデアはうちのポスターに入ってます。私は全然気づかなかったんだけど、広い視野で物事を見ているんだなって思いました」

「それあるね。たぶん誰かの言ってることや行動の中に、新しい道を切り開くアイデアが潜んでるって、信じてるんだろうね」

と蓮が言う。

次は健斗の番だった。

「実はイラストがうまいですよね。この前花さんが俺たちの話し合いのハナログをやってくれたんですよ。そのときコメントをイラストでまとめてくれて、すごくわかりやすくった。ああいうハナログならずっと飾っておきたいなと思いました。市民会議のハナログも少し絵を入れてみたらどうですかね」

チリンと姫子がベルを鳴らす。

「はい、交代。かげほめされる人を変えて」

今度は蓮が後ろを向く。

「じゃあ、私からね」

と花が話し出す。

「蓮は『客観力』がすごい人でね、私が1つのことに引っかかっていると、本当の問題はそこなのかなって言ってくれるんだよね。それでね…」

花の様子を見て、姫子はみのりと顔を見合わせて、少しほっとした。

18 話し合いがどんよりしてしまう「4つの理由」

対話をしていて相手が黙ってしまうことがある。内容が理解できていない、合意できていない、質問が具体的でない、テンションが合っていない、疲れているなどが考えられる。対策はそれぞれにある。


昼休みの多目的室、みのりが学食のハチミツイチゴロールを食べていると花がやってきた。

「ちょっといいですか?」

みのりは、そろそろ花が訪ねてくる頃だと思っていた。

「対話がうまくいかなかった経験、ありますか?」

「あるわよ、いっぱい。人と人がわかり合えるほうが奇跡みたいなものだから」

「例えば、2人で対話をしていて相手が途中で黙ってしまうことがあるじゃないですか。あれはなんですかね?」

「そうだね、私は4つのことを考えるわね。1つ目は、相手の人が内容を理解していないとか、実は合意できていないとか。2つ目は、質問が具体的でないから答えられない。3つは、テンションのチューニングができていない、4つ目は疲れている」

そう言って具体的な方法を教えてくれた。

★理解・合意できていないときの対策

1 「もやもやしているところがあるの？」と声をかける。

▼

2 「うん」と言われたら「ちょっと戻ってみようか」と言って最初からふりかえる。

▼

3 このとき「ハナログ」をとっていると便利。2人で「ここまではＯＫ？」「うん」「ここはどう？」「ああ、そこが、あれっ？て感じだった」と理解・合意が得られなかったところまで戻る。そこから、もう１度対話を始める。

★ 質問が具体的でないときの対策

【例】数年前、学校に泥棒が入った。未来アクション部が先生たちと一緒に対策を考えることになった。そのとき、校長先生から「学校に泥棒が入ったことは知ってるね。どうしたらいいかな？」と聞かれ、なんと答えていいかわからず、黙ってしまった。

この場合、もう少し具体的な質問だとよい。例えば、「学校に泥棒が入った」に続けて、1)、2)、3) のような質問があると、考えやすい。

1) 防犯体制に不備があったと思うのだけど、どうしたらよいかな？

防犯体制をしっかりしたものにしましょう。セキュリティ会社と契約してはどうですか？

2) 損害を受けたのだけど、どうしたらよいかな？

どのくらい損害を受けたのかを計算し、保険による保障を確認してはどうでしょうか？

3) 昨日泥棒に入られたのに、私が報告を受けたのは今日だった。どうしたらよいかな？

報告体制を見直してはどうでしょうか？

★テンションのチューニング

あまりに元気に話を始めると、テンションの高さについていけなくなって黙ってしまう。反対にあまりにもテンションが低い人の前でも話がしにくくなる。

対話をするときには、お互いが同じくらいのテンションになるようチューニングを心がける。リラックスし、少し小さめの声で、ゆっくりと話を始める。元気な人は気持ち低めのテンションからスタートするほうがよい。話がスタートしたら、相手に呼吸を合わせることを心がける。

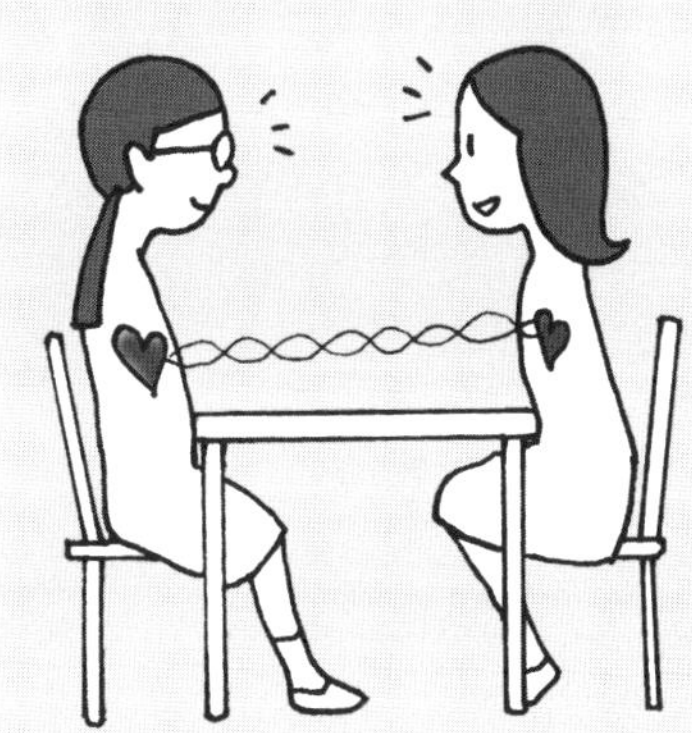

★疲れたら休憩する

話し合いは2人が同じくらいの量を話すべきだが、どちらかが一方的に話してしまうことがある。話を聞くのは疲れる。話をする人は聞く人が疲れていることをあまり意識することがない。話をする時間は、連続1時間くらいが限度。それを超える場合は、15分程度の休憩時間を入れる。

発言を「事実」と「意見」に分けてみる

事実とは実際に起きた事柄。意見とは自分の判断や考え。身のまわりの情報には、事実と意見が混ざり合っている。物事を考えるときには、事実であるか、意見であるかを意識することがとても大切。

葵は市役所での話し合いを書きとめたハナログを見ている。

「花さん、ほたるの会の杉山さんが言っていた『私は事実を言っている』ってどう思います」

「ん？　どういうこと？」

ハナログには1文しか書かれていない。

> 飲料水メーカーが大量の地下水をくみ上げた。だから湖の水が減った。

「これは事実なんですかね。意見なんですかね」

事実とは、実際に起きた事柄。意見とは、自分の判断や自分の考えのこと。正しいか、正しくないか、決められないこともある。

「飲料水メーカーが大量の地下水をくみ上げたっていう部分も事実か意見かわからないし、くみ上げたから湖の水が減ったっていうのも事実か意見かわからないですよね。それに姫子さんに森を見せてもらったときにハゲ山がずいぶんあったし、祈ちゃんたちの研究では気温が上がって湿原の蒸発量が増えてるっていうし。そういうことも湖の水が減ったことに関係しているのかなって思ったんです」

身のまわりの情報には、事実と意見が混ざっている。物事を考えるときには、事実であるか、意見であるかを意識することがとても大切だ。

葵が姫子に相談すると、未来アクションクラブの先輩で、大学で地下水の研究をしている人に連絡をとってくれた。その先輩は、こんな話を教えてくれた。

１９９０年代後半、ある湖の水が減った。市民は工場が水をくんだせいだと考えた。だが、調査をしてみると、地下水が減った原因は、田んぼが減ったことだった。

田んぼに張った水は、少しずつ地面にしみ込む。昔、田んぼだった場所が住宅地になり、水はしみ込みにくくなった。それが地下水の減少につながっていた。

そこで企業は協力してくれる農家を探し、稲作を行っていない時期に、川から田んぼに水を引き、地下水を増やすことにした。すると湖の水の量も増えた。

葵は考えた。「飲料水メーカーのせいで地下水が減っている」も、「うちの会社はくみ上げすぎてはいない。このまちの水を全国に販売して、まちの魅力をＰＲしている。地元の人も工場でたくさん働いている」も事実なのか、意見なのか、今のところわからない。判断するにはもっともっと考える必要がある。

「ケーキを2つに切る」問題。大切なのは何？

相手と意見が異なったときに、感情的になってはいけない。主語を「私」にして話すことで相手の立場や背景を理解すると、話し合いをやり直すことができる。また、相手の意見の中に認められるところを見つけ、そのうえで代替案を出すことも重要だ。


昼休みの多目的室に花と蓮が行くと、姫子、鉄也、みのりが待っていった。

「ねえ、花、蓮。事実はとても大事だけれど、それだけでは人は動かないことがあるよ」

姫子にそう言われて、花は少し意外な感じがした。

「花、この問題を考えてみてよ」

> Aさんと Bさんの前にケーキが1つ置かれています。ケーキの上にはイチゴが7つのっています。
> 2人がケーキを2つに分けるには、どうしたらよいでしょう？

「うーん、どうしたら正確に分けられるかってことでしょう。定規を当て、鋭いナイフを用意して、ケーキカットの名人を連れてくれば、正確に分けられるんじゃないですか?」

「『どうしたら正確に分けられるか?』という問いならば、その解決方法でいいんだけれど、別の問いも考えられるでしょう?」

「もしかして、どうしたら2人が納得するか?」

「うん。その問いだったら、厳密に分けなくてもいいよね。どうしたら解決する?」

「Aさんが自分で納得できるようにケーキにナイフを入れ、Bさんがどちらか好きなほうを選ぶ。こうすればAさんもBさんも納得できるかな」

「そう。問いが変われば、答えも変わるよね」

ハッとした表情をしている花と蓮に姫子は続けた。

「私たち5人で、杉山さんと土井さんに話を聞きにいかない?」

「えっ! あの、何を聞くんですか?」

「杉山さんも土井さんも、それぞれ困っていることがあると思うんだよ。それをゆっくり聞いてみるのはどうかなと思って」

不安そうになっている花と蓮の肩を、みのりが「ポン」と叩いた。

「杉山さんと土井さんがこのまちや湖について、どんなことを考えているのかをじっと聞くだけ。話し合いのヒントが見つかるかもだし、私たちのことを信頼してくれるんじゃないかなと思って」

「信頼ですか。俺たちに任せてもいいと思ってくれるってことですよね」

と蓮はつぶやく。

「そこ重要でしょ？　それにどんなに喧嘩しても、あの2人はこのまちで共存しなきゃならないんだし」

姫子は笑った。

5人は土井さん、杉山さんの話を聞いた。

土井さんの工場を訪ねると、土井さんは「水をくみあげていることで、工場の評判が悪くなると困る」と思い、「まちの人たちと協力して環境によい活動をしたいが、その方法がわからない」と言った。

杉山さんは「ほたるの会」のメンバーが高齢化していることを心配していて、「このままでは活動が続けられない。なんとか若い人たちに手伝ってもらえないだろうか」と言った。

30年後の飲料水メーカー、30年後のほたるの会、それぞれのハッピーはなんだろうと花は考えた。

「姫子さん、お願いがあるんですけど」

花が言った。

「次の市役所での話し合いのファシリ、私にやらせてもらえませんか？　姫子さんがやればうまくいくのはわかります。でも、もう1回チャンスをもらえませんか？」

「もちろん。私は花がやるべきだって思ってたよ。蓮、サポートよろしくね」

「はい」

「ありがとう。姫子さん」

にっこり笑ったあとで少しまじめな表情になった。

「実は、ちょっと聞きたいことがあるんですよ。市民の人たちの考えって、1人ひとり違うじゃないですか。どうしたらいいと思いますか?」

「30人いれば30の価値観があるんだから、意見が合わないのは当たり前だよね」

自分と相手で意見が異なることがある。

そういうときに感情的になってお互いを全否定したり、排除しようとすることがある。でも意見と人格は違う。意見が異なっていることに気づいたら、どこまでは合意できていたかを確認する。

そのためにも、信頼関係は大切だ。相手の考えの前提にあるものや、行動の背後にある世界観を共有していれば、話し合いをやり直すことができる。妥協点を見つけることでもできる。

「うーん、どうすればいいんだろう。なんだか難しいな」

顔をしかめる花に、鉄也はこう言った。

「心配ないよ。参加者に「あなたは湖をどう思ってますか」「あなたは30年後の舘川をどうしたいと思いますか」って聞けばいい。すると『私は◯◯と思います』って答える。それをみんなで共有する」

主語を「私は」で語ると、お互いの立場や背景を理解できる。

お互いが「自分こそ正しい」という主張を繰り返すだけでは、議論は平行線をたどり、問題に対しての理解を深めることはできない。

お互いの立場や背景を確認したら、どんな未来を望んでいるのか、どこまでは合意できていたのかを確認する。すると意見が対立したと思っていたはずが、実は全面的な対立ではないとわかることが多い。

例えば、3つあがった意見のうち、2つは賛成だが、1つは反対ということもある。

まず、そのことをお互いに確認する。そして2つを決定し、1つについては再度話し合う。

その際、どのように意見が異なるかということを確認して終わりにするのか、それとも妥協点を見つけるのかを話す。

> ①あなたはAと考える。それはこういう理由だ。
> 私はBと考える。それはこういう理由だ。

というところで止めておくのか、

> ②あなたはAと考える。
> 私はBと考える。
> ではお互いに妥協できるCはないだろうか。

と考えるのか。

話し合いを熟成すべきだと思ったら前者、何も手を打たないとどんどん悪い方向に行ってしまうのであれば後者を選択する。

姫子は「代替案を出すことも重要だよね」と言った。

「どんなアイデアにもケチをつける批判の達人のような人も世の中には多いのよ。だけど批判ばかりしている人は、案外対案を出せないことが多いような気がするわ」

批判の達人の多くは、足りない部分にばかり目が行きがちだ。具体的なゴールや、ゴールへたどり着くための手順を明確につかんでいるわけではなく、漠然とした理想と現状を比較してケチをつけている。

まずは相手の意見を認め、受け入れることだ。みのりは言った。

「そういうときに有効なのが、『確かに』という言葉。『確かにこの部分において、あなたの言うことはもっともですね』というふうに、『確かに』から始めると自然に相手を尊重できる」

このときも代替案を示すことが重要。

「『確かにこの企画はとても新鮮ですね。全体的にはとてもいいと思いますけど、この部分については、こんなふうに修正してみてはどうですか』という言い方がいいわね」

こうすれば、自分の意見が否定されても、感情的にならず、前向きに考えることができる。どんなシーンでも、相手を一方的に批判するのではなく、まずは認めることで信頼関係が築かれていく。

「それでもこじれちゃったら、わかり合うのは難しい。いろいろな価値観を共有することから始めましょう、って言ってごらんよ」

と姫子は「ポン」と花の肩をたたいた。意識的に偏見を捨て、相手の真意や意図を十分理解してから自分の話を始める。「これは伝わるだろう」「これくらい理解できるだろう」と思っても、相手にはちんぷんかんぷんということが多い。まずは相手の話を最後まで聞くことだ。

会議は明日に迫り、祈は新しいグランドルールを印刷した。

「花さん、鉄也さんから以前こんなことを聞いたんです。グランドルールをつくった人は『人の話は聞く価値がある』『違う考え方にこそ価値がある』『参加者は建設的な結論を導き出す能力をもっている』って信じてたんだって」

「うん。私たちもそう信じよう」

「集団で考える弱点」に対策する

グループで考えるよさは、多様な意見を寄せ合い、斬新なアイデアに行き着くこと。ただし必ずしもうまくいくとは限らない。集団でものを考えるときに陥りやすい悪いパターンを知り、対策を考えておく。

市民会議の前日、蓮は姫子に聞いた。

「あの、杉山さんと土井さんの発言で気になっていることがあるんですよ」

「何、蓮？」

「杉山さんは、話し合いには意味がないって言いました。そして工場長の土井さんも、こういうやり方は好きじゃないって。この発言の本当の意味は何だろうって」

「確かにグループワークに不慣れな人は多いよね。でも2人はやったことがないってだけじゃなくて、集団的思考の落とし穴のことを心配しているのかもね」

そう言って、姫子は「集団でものを考えるときにうまくいかないケース」をあげた。

「この対策って…」

「そう。私たちがいつもやってることだよ。だから大丈夫。明日は期待してるよ」

★集団でものを考えたときにうまくいかないパターンと対策

1 自分1人くらい参加しなくてもいいと考える。

対策 1人ひとりの役割を決める。アイデアや意見を出すときに付箋に書きこむ時間をつくり、その後、発表する。

2 意見が違うからではなく、あの人は嫌いという感情から対立する。実際の会議では感情的な対立が生まれることを恐れて意見を言わない「静かな対立」もある。

対策 感情的な対立が始まったら休憩する。1人ひとりが「私が」で話す。ファシリテーターがハナログを示し、何を話し合っているかを、どこまで合意できているかを整理する。

3 「声の大きな」「目立つ」意見が優先されて、「声の小さな」「目立たない」優れた意見を見落とす。

対策 グランドルールを活用する。アイデアや意見を出すときに付箋に書きこむ時間をつくり、その後、発表する。ハッピーサイクルやバックキャスティングのシートを使い、付箋を貼っていく。

4 無意識のうちに、和を乱さないようにしようという意識から、斬新なアイデアを抑制する。わかりやすいが解決策にはならない意見が採用されやすい。

対策 グランドルールを活用する。ハッピーサイクルやバックキャスティングのシートを使い、付箋を貼っていく。

「30年前・30年後」でまちの未来を考える

まちの「30年前・30年後」を考えるプログラムだ。30年前と現在を比べることで変化について考えたのちに、30年後の理想的な姿を想像し、「未来を考えるタネ」を創る。

前園部長と未来アクション部は話し合いの準備をした。そして、高校生が中心メンバーとして参加し、ファシリテーターをやる回から、会合の名前を新しくすることにした。

こうして「まちの未来を水から考える会」が始まった。対話の手法を使って、これまでにない新しいアイデアやプロジェクトチームを生み出すのがねらいだ。

今日は地元の企業の人、市役所の人、市民団体の人、そして高校生の合計30名が集まった。新しい仲間と新しい関係をつくり、まちの未来を考えるためだ。

葵は花に聞いた。

「どうしていろいろな人を集めるんですか?」

「新しいアイデアを生み出すには、違う考えをもった人で意見交換したいのよ。これまで1つの立場からしか見ていなかった課題を、いろいろな人が一緒に、いろいろな角度から眺めるの。未来をつくるための、新しい関係、新しいアイデアとアクションが生まれることがねらいなの」

花は参加者の様子を確認し、ゆっくりと話し始める。

★「まちの未来を考える会」の進め方

さまざまな立場の人が集まり、新しいアイデアとアクションを生み出すためには、計画的な進行が必要だ。今回は、全3回の会議を開催して話し合いを進める。

1 回目「30年前後」でまちの未来を考える（P.106）

▼話し合いの準備体操：ペアインタビュー
- 質問1「30年前は想像していなかったが、今の生活で起きていること」
- 質問2「30年後、自分の生活で、どんな想像できないことが起きているか」

▼話し合い：
- 「私たちの住むまちは30年後、どんな豊かなまちになっているか」
- 「30年後の豊かなまちは、水とどういう関係をつくっているか」

▼ふりかえり

▼

2 回目「ハッピータイムマシン」でプロジェクトを立ち上げる（P.112）

▼話し合いの準備体操：ペアインタビュー
- 「未来を考えるタネ」について

▼話し合い：
- 「ハッピータイムマシン」で「未来のタネ」をハッピー度と実現年で並べる
- 「2050年に向けたプロジェクトを立ち上げる」

▼ふりかえり

▼

3 回目「バックキャスティング」でプロジェクトを動かす（P.118）

▼小学生の発表を聞く

▼2050年のまちの様子を考える、プロジェクトの再定義

▼プロジェクトをバックキャスティングで考える

▼各チームの発表

▼ふりかえり

「では、始める前に、「集いのルール」を確認します。今日はこのルールに従ってください。もしルールを破った人がいたら、その項目を指さしてください」

テーブルには祈が印刷したグランドルールが置かれている。

- この時間は、この場に集中します（スマホは機内モードに）。
- 明るく、ポジティブに考える場です。
- 日常の関係には気をつかわず話す場です。
- メンバーの話をよく聞く場です。
- 全員が意見を出す場です。

話し合いの準備運動は、ペアインタビューから始めた。ほぼ初対面の2人がペアをつくり、お互いの話を聞く。

「インタビューのお題は、『30年前は想像していなかったけれど、今あなたの生活で起きていることはなんですか？』『30年後、あなたの生活で、どんな想像できないことが起きていますか？』の2つです。ただ、いきなりこんなことを聞かれても答えるのは難しいですよね。そこで動画を見てもらいます」

1990年の動画がスクリーンに流れる。この年にはバブル経済が破綻して株が暴落、第1回大学入試センター試験などがあった。スーパーファミコンが大流行したのもこの年だ。ヒット曲はアニメ「ちびまる子ちゃん」の主題歌「おどるポンポコリン」や「浪漫飛行」、ヒット映画は「バック・トゥ・ザ・フューチャーPART2」。

動画を見た反応は、参加者の年齢によってまちまちだ。40代、50代の参加者は「懐かしい」「つい最近のことに思える」という声が上がる。

一方、30代以下の参加者は「何これ」「知らない」という反応になる。もちろんファシリをしている花や蓮も知らない。でも、それでいい。この場所にはさまざまな年齢の人がいて、価値観もさまざまであることを感じてもらえばいい。この違った価値観は、上手に使うことで課題解決の大きな武器になる。

花が言う。

「ところで、『ドラえもん』の道具で「実現したもの」があるって知ってますか?」

参加者は「えっ、そんなものあるの?」という反応だが、実はたくさんある。

蓮がスライドを見せる。

「これは『糸なし糸電話』。2人がこれを持っていれば、糸でつないでなくても、話をすることができるという道具です。これは携帯電話やスマートフォンとして実現しています。

この『宇宙探検ごっこヘルメット』は、かぶるとまわりの景色が宇宙空間に見えるというものです。例えば、人間が宇宙人に見えたり、ボールが隕石に見えたりする。これは「拡張現実」です。現実の風景に情報を重ね合わせて表示する技術で、あらゆるものを登場させることができます。『うまたけ』はセグウェイにそっくりですね」

過去の映像を見ることで30年という時間の経過を感じ、また、実現されたドラえもんの道具を知ることで、未来について自由な発想をもってよいことを意識してもらう。

インタビュー結果は、グループ全体で共有する。

インタビューした人が相手の考えを発表し、葵たちハナログ係が模造紙に書きこんでいく。

「30年前は想像していなかったけれど、今あなたの生活で起きていることはなんですか?」については、「スマホをもっていること」「パソコンとインターネットが普及した」「ゲーム機が進化した」「ペットボトル飲料で水を飲んでいる」「豪雨災害が頻繁に起きるようになった」などの声があがった。

次に「30年後、あなたの生活で、どんな想像できないことが起きていますか?」については、「少子化、人口減少が進む」「人と人のつながりが減る」「地球温暖化が進む」「いろいろなものが自動化されている」「バーチャル社会が進んでいる」「現金を使わない社会になっている」「自動車が空を飛ぶ時代になる。道路が必要なくなる」などがあがった。

このペアインタビューのねらいは主に2つある。1つは自分が感じている「変化」について話すことで、問いを自分に引き寄せて考えること。「未来思考」を体感することだ。

花は参加者の様子を確認する。みんな話し合いに集中できているようだ。

「これで準備運動が終わりました。いよいよ本題に入りましょう。みなさんに話し合っていただきたいテーマの1つ目はこちらです」

スクリーンに文字が浮かび上がる。

私たちの住むまちは30年後、どんな豊かなまちになっているか?

参加者はグループでざっくばらんに話し、発言をハナログ係が模造紙に書いていく。

「会社に出勤しないで、家で仕事をする人が増える。自由に使える時間がもっと増える」

「まちがコンパクトになる。共通の趣味をもつ人どうしが集まって暮らす集合住宅ができる」

「空いた土地は緑地や広い道路など公共スペースとして活用される」

などがあがった。

「話し合っていただきたいテーマの2つ目はこちらです」


30年後の豊かなまちは、水とどういう関係をつくっているか？

これについては、

「湖を観光に活かしたまちになっている」

「湖は多くの生きものたちのすみかになっている」

「豪雨は増えるが、それに対応する技術が開発されている」

などがあがった。これらを「未来を考えるタネ」という。

花は参加者と「未来を考えるタネ」を確認して言った。

「今日は30年後のまちと水について大まかなイメージを共有しようと対話をしてきました。みなさんの大まかなイメージはここにあげていただいたものでよいでしょうか」

参加者からは拍手が起きた。1回目はこれで終了した。

23 「ハッピータイムマシン」でプロジェクトを立ち上げる

「ハッピータイムマシン」は、「未来を考えるタネ」を参加者全員で「市民にどれくらい喜ばれるか＝ハッピー度」と「いつ頃実現するか＝タイム」という視点で分類する。ハッピー度が高く、実現までに時間がかかりそうなものが、プロジェクトとしてふさわしい。


「まちの未来を水から考える会」の2回目は2週間後の土曜日に行われた。

会場には1回目のハナログが貼られている。

前回たくさん出た「未来を考えるタネ」は、1つのアイデアにつき、1枚のA４用紙に書かれてテーブルに並べられた。参加者は会場に入るとそれらを眺め、2週間前の記憶を呼び戻した。

花は話し合いの準備運動に「ペアインタビュー」を選んだ。

2回目とはいえ、緊張を解きほぐす準備体操は必要だ。

まず、A４用紙に書かれた「未来を考えるタネ」のまわりに集まり、「最も興味あるもの」を1人1枚選んだ。

次にペアになり、「なぜその項目に興味があるのか」を3分間ずつインタビューする。「未来を考えるタネ」は全部で30あり、選ぶ理由もさまざまだ。

インタビューした内容は、全体で共有する。

ほたるの会の杉山さんとペアを組んだ近藤健斗は、こう発表した。

「杉山さんが選んだ『未来を考えるタネ』は『6月になると毎年ほたる祭が開催されている』です。その理由は、杉山さんが小さい頃はまだ舘川にほたるがいて、子供たちはほたるを追いかけて遊んでいたそうです。それがとても楽しい思い出として残っているそうです。

実は杉山さんはこのまちで住宅開発の仕事をしていたことがありました。湖のそばに団地をつくったこともあったそうです。その住宅から出た生活排水が湖に流れ、ほたるが減ってしまいました。そのことを後悔しているそうです。それで、将来の子供たちのために、湖をきれいにし、湿原を復活させて、ほたるに戻ってきてほしいと考えているそうです」

杉山さんの過去を知り、参加者は驚いた。特に土井さんは真剣な表情でうなづいた。このように全体で共有することで、未来は多様であり、なぜ、そういう未来を望んでいるかも多様であることを感じる。

花がチリンとベルを鳴らした。

「これからハッピータイムマシンを行います」

壁には「2020年」「2030年」「2040年」「2050年」と書かれたコピー用紙が貼られ、それを赤いマスキングテープがつないでいる。壁の上のほうには「2050年の市民に喜ばれる」、下のほうには「2050年の市民に喜ばれない」と書かれている。

★「ハッピータイムマシン」のやり方

1 会場の壁にこのような文字の書かれた紙を貼る。
矢印は紙テープ、マスキングテープなどでつくるとよい。

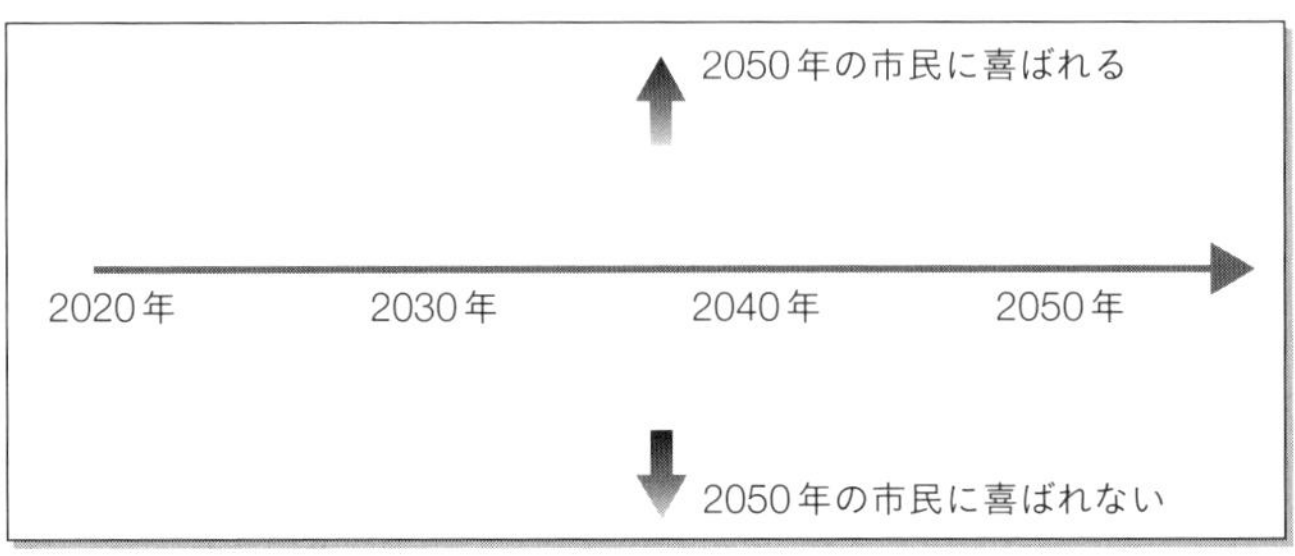

2 ここに「未来を考えるタネ」を貼っていく。まずは参加者個人が「市民にどれくらい喜ばれるか＝ハッピー度」と「いつ頃実現するか＝タイム」という視点で貼る。

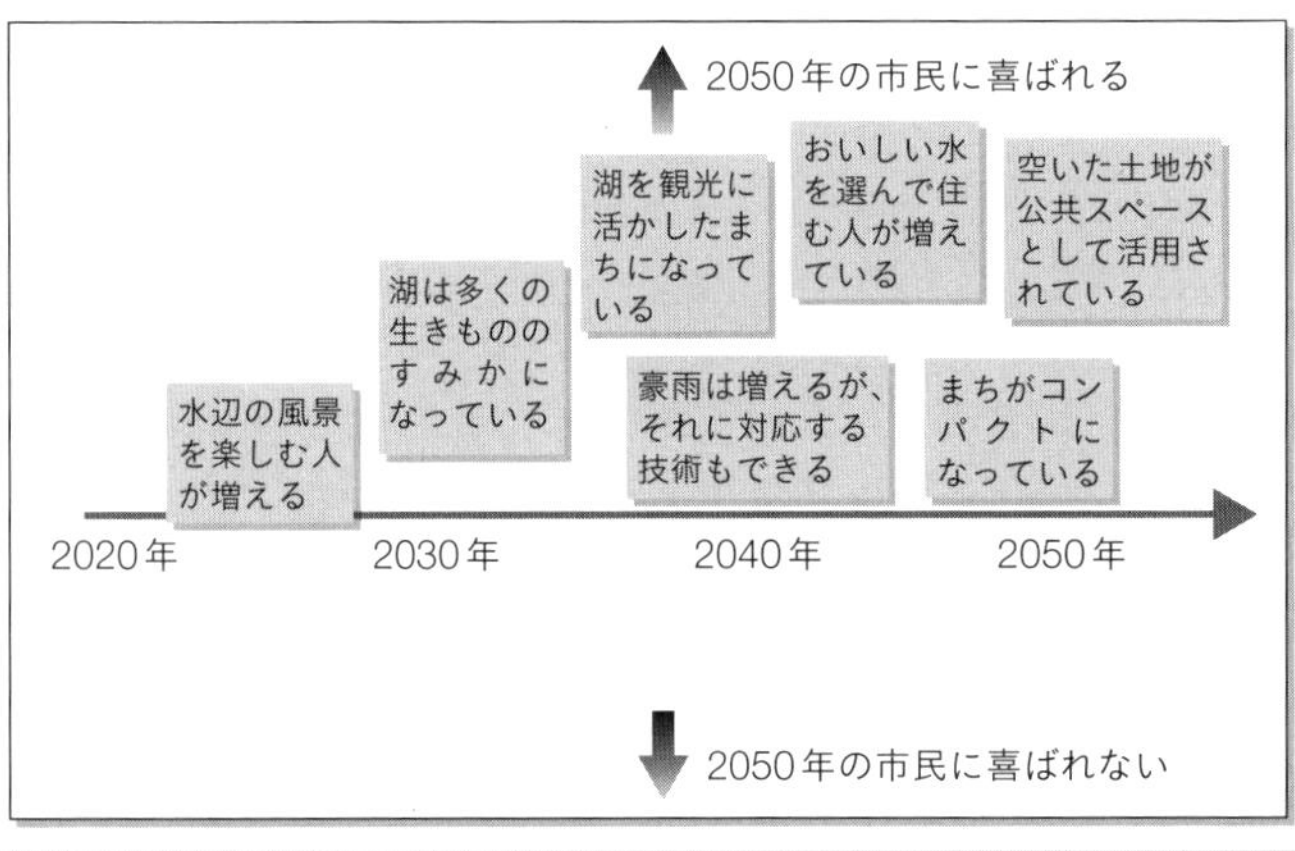

3 全員で眺めながら位置を調整していく。

「では、これから自分が手に持っている『未来を考えるタネ』を壁に貼りましょう。ペアで、いつ頃実現しているか、どれくらい2050年の市民に喜ばれそうかを考えながら貼ってください」

参加者は、

「これは意外と早く実現しそう」

「これは時間がかかりそう」

「これはけっこう喜ばれるんじゃないか」

などとおしゃべりしながら、全員が貼り終わる。

「では、全員で見てみましょう。この『未来を考えるタネ』はもっと早く実現するんじゃないか、もっと市民に喜ばれるんじゃないかと思うものがあったら教えてください」

全員で壁を眺め、微調整を加えていく。

パネルを見渡すと、漠然としていた「未来像」が整理されていく。

そして「大事にしたいもの」を共有する。

2030年までに実現すると考えられた「未来像」は、いったん除外する。

これらはおぼろげながら解決イメージが描けている「現状の課題」の場合が多いからだ。この部分に注力すると、現在すでにわかっている要因から可能性の高い未来を想像するので、目的達成に向かう要素が見つけにくくなる。

考えていくのは2030~2050年にマッピングされたものがふさわしい。参加者の考えた「水の未来像」は、以下に集約される。

①水を活かしたまちづくり行う。湖の美しさ、水のおいしさを選んで住む住民が増える。
②市内には多様なコミュニティが存在する。
③気候危機によって気温は上昇し、短時間にまとまった雨の降る日が増えるが、それに対応できるまちづくりができている。

この3つがコアとなる「まちの未来像」。

これを念頭に置きながら、2050年に向けてやっていきたいプロジェクトを立ち上げることになった。花は、

「では、これからみなさんで具体的なプロジェクトを考えていきたいと思います」

すると、ほたるの会の杉山さんが、

「実はちょっと驚いていることがあります。この会議で私たちが考えてきた『未来を考えるタネ』と、舘南生のみなさんが考えてくれた4つのプロジェクトが、とてもよく似ているということです。ここで私たちがプロジェクトを考えるというのもいいが、私たちが『未来アクション部』のプロジェクトに参加させてもらうというやり方はどうでしょうか」

と提案した。

飲料水工場の土井さんも、

「私もそれがいいと思う。これまで2回のワークショップを経験させてもらって思ったんだ。この人たちは本当によく勉強している。そして本気で、話し合いでまちを変えようとしている」

会場から拍手が起きた。

花と蓮は顔を見合わせた。

「ありがとうございます。では、ひとまずこのテーマでスタートしましょう。いちばん興味のあるグループに参加してください。ただし、テーマはあくまでも仮で、途中で進化していくものです」

立ち上げたプロジェクト

- おいしい水とほたるのまちの未来
- 癒しのカヌー体験で関係人口を増やす
- 太陽光を使った浄水装置で湖の水質をきれいに
- 豪雨災害でお年寄りを誰一人取り残さないために

参加者はいちばん興味あるプロジェクトに加わった。ほたるの会の杉山さん、飲料水メーカーの土井さんは、「おいしい水とほたるとまちの未来」に入った。

このチームのハナログの葵はドキドキしていた。

「バックキャスティング」でプロジェクトを動かす

まちの未来は未来の意思決定者とともに考える。決断は現代人の多数決だけでしてよいものではない。過去の英知と未来への遺産のために行うものだ。過去人と未来人を議論に加える必要がある。現代に生きる私たちは、子や孫よりも自分たちの暮らしを優先しがちであり、このままでは未来へ負の遺産を残してしまいそうだ。そうならないためにも犠牲になる世代の声に耳を傾ける必要がある。「30年後の市民になって意見を述べてください」という問いかけには、そうした意味がある。

いよいよ「まちの未来を水から考える会」の3回目。花が言った。

「最初に地元の小学校5年生が壁新聞をつくってくれました。この新聞は、この夏、全国新聞協会のコンテストで特別賞を受賞したものです。今日は代表の子に発表してもらいます」

発表では子供たちのまちや湖への思いを聞いた。

例えば「水のエコ活動を推進しよう」という記事では、家庭で行っている節水や水を汚さない行動を調査している。１位「皿の油汚れを拭き取る」、２位「台所の排水溝に網を置いて汚れが流れないようにする」、３位「洗剤の量を減らす」だった。記事では、その他にできることとして「牛乳、味噌汁などを飲みきる」「無洗米を使う」「雨水活用をする」などを奨励している。その一方で、父親の関心の低さを批判している。その他、地元の湖のすばらしさを訴える記事では、ほたるを見に行ったときの感動や、湖でボート遊びをしたときのことがレポートされ、舘川市の水環境をいかにまちづくりに活用するか、いかに保全するかの提言がなされている。

気候変動への対応を求める記事もある。下水道のしくみを紹介し、雨水貯留などを組み合わせることや、水を循環するものとしてとらえ、それを健全にしていこうという提案もあった。

花が説明する。

「なぜ小学生の声を聞いてもらったかというと、『２０５０年プロジェクト』をつくるときに彼らの意見を組み入れる必要があるからです。小学5年生は現在10歳、２０５０年には40歳です。プロジェクトは２０５０年に完了していますから、２０５０年の市民に喜ばれるものでなくてはなりません」

そのうえで、「２０５０年の市民は、このプロジェクトのどこに魅力を感じているか」というシートに書きこんでいく。

「おいしい水とほたるとまちの未来」プロジェクトでは、

- 豊かな水環境が残っている
- 地下水を活用しながらも、生きものにやさしいまちをつくっている
- おいしい水やほたるを求めて引っ越してくる人がいる

などがあがった。

あまりにもスムーズに進むので、葵は逆に不安になった。目の前にいるほたるの会の杉山さんと飲料水工場の土井さんは、1か月前には怒鳴りあっていたからだ。

「あのー杉山さんと土井さんは、このまちの未来をどうしたいと思っていますか」

杉山さんは、

「私はほたるを守るという気持ちは変わりません。2050年も湖のまわりにはほたるが飛んでいてほしい。そのためには、湖の水が豊富で、きれいであってほしい。湖のまわりの湿原の環境も保たれていてほしいと思っています」

「素敵ですね」

と言いながら葵はハナログを書いていく。湖のまわりにほたるが飛び交うイラストをつけてみる。

土井さんは、

「私たちはこのまちの水をくんでいます。でも枯らしてしまうなんてことは絶対にあってはならないと思っている。このまちの水を守ることが、私たちの仕事を守ることでもあるんだ」

葵は「そうなんですか」といいながらハナログにペンを走らせる。

「工場の人たちは、水の番人でもある。こんな感じの未来かな」

まとまってきたハナログを見て、土井さんと杉山さんはうなずいている。

杉山さんはこう言った。

「実はファシリテーターをやっている津辻野さんと城沼くん、3年生の榊原さん、多々良くん、稲田さんが訪ねて来てくれました。そして、私の悩みをいろいろと聞いてくれました。ほたるの会が後継者不足になっていることもね」

「彼らはうちの工場にも来てくれた。いろいろな話を聞いてくれて、そのあと大学の研究者も紹介してくれたんだ。地下の水は見えない。この地域の水がどこから、どれくらい流れてきているかはまだわからない。うちの工場のくみ上げが、湖の水が減っていることに関係しているかもしれないし、そうでないかもしれない」

地下水は流れている。

「そうそう。わからないのに、おまえが悪いなどと言い争ってもしかたがないと思ったね。まだまだ勉強していくことがある。あなたの先輩たちは本当にすごいな」

「あ、ありがとうございます」

葵は先輩たちのことが誇らしくなり、前に立っている花と蓮、後ろのイスに座っている姫子、鉄也、みのりを見つめた。

2050年プロジェクトが完了したときのまちの様子をなるべく具体的に考える。1人ひとりが付箋にまちの様子を書き、グループで共有する。そして、ハナログ係が絵にしていく。

「こんな感じですかね」

次に、プロジェクトの進捗状況をバックキャスティングで考える。

2040年のプロジェクトの進捗状況（完了していること、課題となっていること、あなたはそのとき何をしているかなど）、2030年の進捗状況、2020年はどうかと考え、最後にポスターセッションを行った。

例えば、「おいしい水とほたるとまちの未来」プロジェクトチームは、以下のような発表を行った。

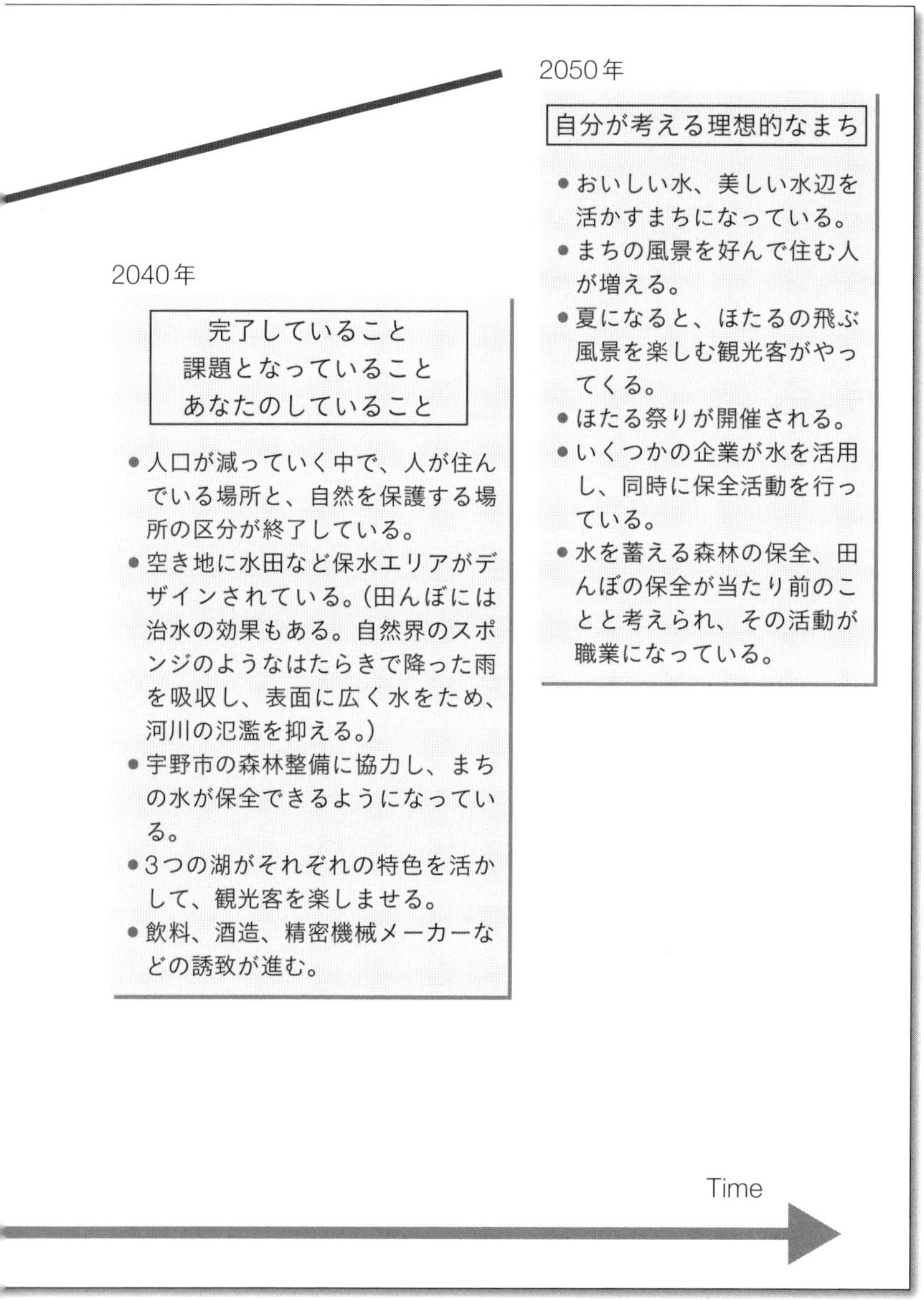

2040年

完了していること
課題となっていること
あなたのしていること

- 人口が減っていく中で、人が住んでいる場所と、自然を保護する場所の区分が終了している。
- 空き地に水田など保水エリアがデザインされている。(田んぼには治水の効果もある。自然界のスポンジのようなはたらきで降った雨を吸収し、表面に広く水をため、河川の氾濫を抑える。)
- 宇野市の森林整備に協力し、まちの水が保全できるようになっている。
- 3つの湖がそれぞれの特色を活かして、観光客を楽しませる。
- 飲料、酒造、精密機械メーカーなどの誘致が進む。

2050年

自分が考える理想的なまち

- おいしい水、美しい水辺を活かすまちになっている。
- まちの風景を好んで住む人が増える。
- 夏になると、ほたるの飛ぶ風景を楽しむ観光客がやってくる。
- ほたる祭りが開催される。
- いくつかの企業が水を活用し、同時に保全活動を行っている。
- 水を蓄える森林の保全、田んぼの保全が当たり前のことと考えられ、その活動が職業になっている。

Time

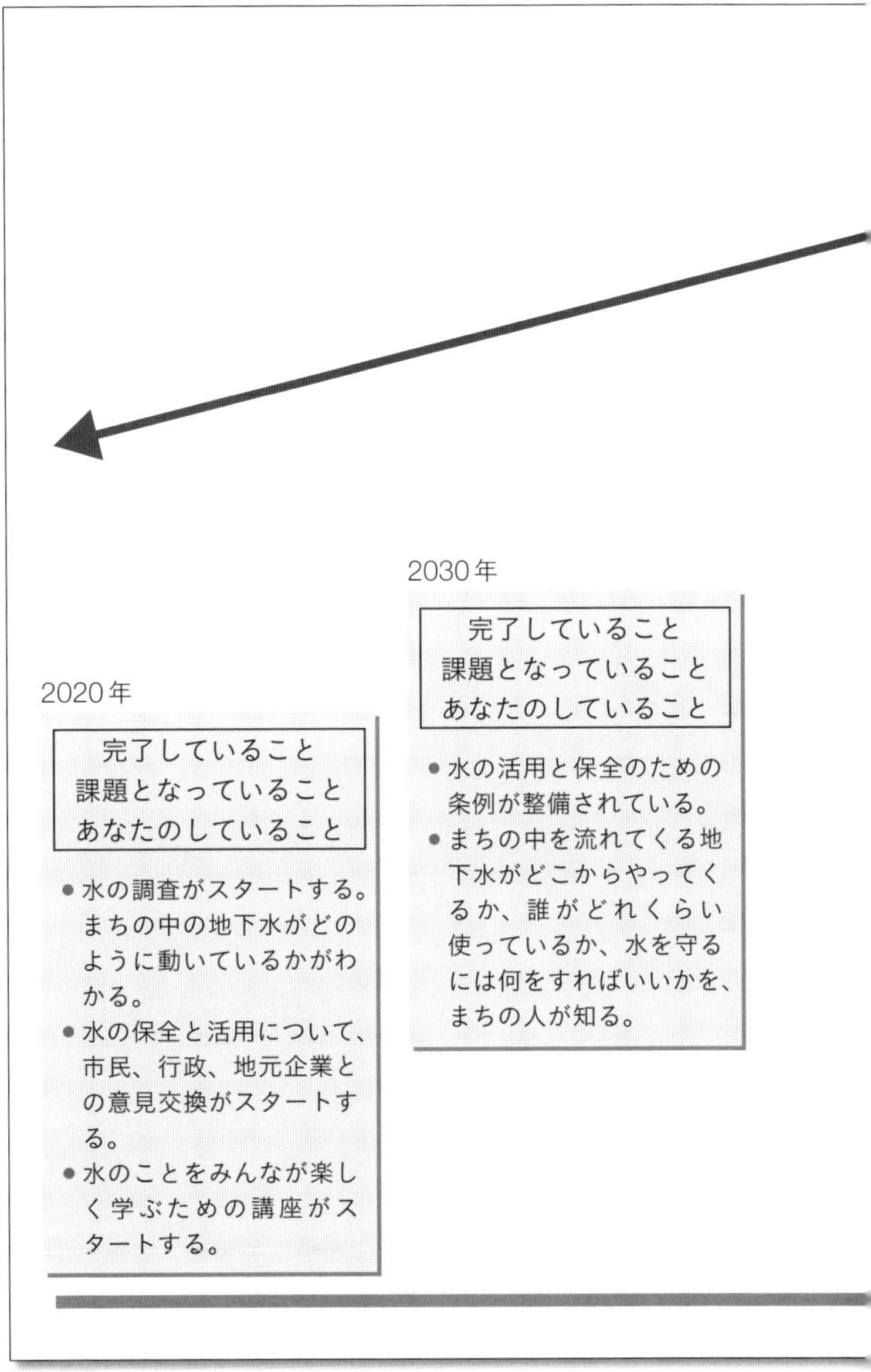

発表の後には意見交換が行われ、集いは終了した。
この集いのゴールは、「新しい仲間と話しながら、新しい関係をつくり、まちと水の未来を考える」「全3回の集いが終了すると、新しい関係、新しいアイデアとアクションが生まれている」だった。
あとはアクションを待つばかりだ。

2030年

完了していること
課題となっていること
あなたのしていること

- 水の活用と保全のための条例が整備されている。
- まちの中を流れてくる地下水がどこからやってくるか、誰がどれくらい使っているか、水を守るには何をすればいいかを、まちの人が知る。

2020年

完了していること
課題となっていること
あなたのしていること

- 水の調査がスタートする。まちの中の地下水がどのように動いているかがわかる。
- 水の保全と活用について、市民、行政、地元企業との意見交換がスタートする。
- 水のことをみんなが楽しく学ぶための講座がスタートする。

「未来をつくる仲間」を見つけよう

プロジェクトを進めていくには、多くの人と価値観を共有していく必要がある。プロジェクトの目的や活動内容、2050年にどういうまちにしたいかを、常に伝えていく必要がある。

市民グループに発展した「おいしい水とほたるとまちの未来」プロジェクト。

花と葵たちは「舘川の水を語れる人になろう」という企画をスタートした。企画の目的は、市民が、地域の子供たちに、地域の水の話ができるようになること。

1回目は教材づくり。花は、「私たちの見えない水」というゲームをつくった。

自分たちの活動を伝えていくには、言葉で説明するのではなく、ゲーム感覚で体験してもらったほうがいい。

このゲームは、人口増加や産業発展にともなう地下水利用の変化を考えるものだ。

10リットルの水が入った桶を地域の水に見立て、会場の中央に置く。参加者はそのまわりにスポンジを持って集まる。スポンジは井戸もしくは水をくみ上げるポンプを表している。

人口が少なく、工場も少ない時代は、水をくみ上げる量は少ないが、人口が増え、工場も増えると、水をくみ上げる量が増えることを実感できる。

葵は、土地の使い方の変化と、水の流れ方の違いを考えるゲームをつくった。スポンジを土、アルミ箔に包まれたスポンジをコンクリートに見立て、上からジョーロで雨を降らせる。土の多かった時代には雨が染み込むが、コンクリートが増えてくると、水は流れていってしまう。これは地下水の量が減ったり、まちが洪水になりやすいことと関係している。

2つのゲームを体験した後、参加者はざっくばらんに感想を話し合う。

ほたるの会の杉山さんは、

「地下水量、使用状況などの調査を行い、みんながわかるようにするといい」

と言い、飲料水工場の土井さんは、

「雨を貯めるために遊水地をつくったり、森林を整備したりする活動をしたい。そうすることが地下水の保全、湖の保全につながっていくと思う。そして、それがどれくらいの効果があるかの調査をしたい」

と言った。

2回目は舘川市や宇野市の水辺を歩いた。

住み慣れたまちの風景も、子供たちに授業をする準備となると視点が変わり、再発見の連続となる。

例えば、市内にある鶴亀神社からの湧水は東に流れる。

旧家の黒塀の前に水路があり、おだやかに流れる水に歩調を合わせながら進むと、歩いて3分ほどの民家の裏庭に20坪ほどのわさび田があった。

地元に住んでいながらも、「まさかわさび田があるなんて」と歓声があがった。

この地区には、水を使うときは、堀で洗濯してはならないとか、使用後の汚水や汚物を捨ててはいけないといった、いくつかの取り決めもあった。

参加者からは「先人たちの努力によって現在があることに気づいた」という声があがった。


3回目は、子供たち向けのワークショップを開催した。メンバーは古い写真や地図、町歩きで撮った写真や資料などを持ち寄る。

当日は30人の子供たちが市民ホールに集まった。

新聞をつくった小学校5年生も参加してくれた。

メンバーの授業は、明るく楽しい。杉山さんも土井さんも楽しんでいる。

舘川の湖を思う気持ちにあふれ、参加した子供たちも喜んでいた。こうした活動を通じ、地域の水への理解と愛着が深まっていく。


12月の朝、葵は姫子に朝霧を見に行こうと誘われた。

午前6時半に舘川駅で待ち合わせ、湖沿いの道を歩く。

朝霧がおりた湖が、朝日を浴びてきらきらと輝いた。

2050年に向けた活動は、スタートしたばかりだ。

「葵ちゃん、2030年にはハワイでレストラン経営だよね。おいしい水とほたるの活動はどうするの?」

「あ、それなんですけど、私、舘川市役所に勤めたいかなって思ってるんですよ。前園さんみたいな仕事をしてみたいなって。いろいろな人の話を聞きながら、ハッピーなまちをつくりたいです」

「へーえ。ずいぶん変わったね。ハンバーグが食べられなくなっちゃったか。でも、葵ちゃんの未来は葵ちゃんが自由に決めるものだから、それもいいんじゃない」

「姫子さん、大学はどこへ行くんですか?」

「私はカナダに留学するよ」

「えっ、もう行っちゃうんですか?」

「カナダで森の勉強して、また、2030年に戻ってくる。葵ちゃん、そのときここの市長になっていてよ。そうしたら仕事やりやすいから」

「わかりました。森のことは姫子さんに任せます」

2人は笑った。

■著者紹介

橋本淳司（はしもと・じゅんじ）

アクアスフィア・水教育研究所代表。武蔵野大学客員教授。

中国での節水教育担当者育成プロジェクト，インドでの雨水活用コミュニティーづくりなど，国内外で地域の水問題を解決するためのファシリテーター，チームビルディングのためのコーディネーターを行う。

文部科学省指定のスーパーグローバルハイスクール，ワールド・ワード・ラーニングコンソーシアム拠点校において，探究学習や「主体的・対話的で深い学び」を実現するためのカリキュラムと教材を作成し，授業をプロデュースするとともに，自らも授業を行っている。

また，水ジャーナリストとして，水問題やその解決方法をさまざまなメディアで発信しており，近著に『水がなくなる日』（産業編集センター），『通読できてよくわかる 水の科学』（ベレ出版），『日本の地下水が危ない』（幻冬舎新書）などがある。

対話して行動するチームのつくり方
楽しみながら身につく話し合いの技法

2020 年 4 月 20 日　第 1 刷発行

著　者　橋本淳司
発行者　株式会社 三省堂　代表者　北口克彦
印刷者　三省堂印刷株式会社
発行所　株式会社 三省堂
〒 101-8371　東京都千代田区神田三崎町二丁目 22 番 14 号
電話　編集 (03)3230-9411　　営業 (03)3230-9412
https://www.sanseido.co.jp/

落丁本・乱丁本はお取り替えいたします。

ISBN978-4-385-36516-9　〈対話するチーム・128pp.〉